석학
人文
강좌
28

고을과 마을의 문화이야기

－지역문화와 생활문화－

석학人文강좌 28

고을과 마을의 문화이야기
-지역문화와 생활문화-

초판 1쇄 인쇄 2015년 7월 25일
초판 1쇄 발행 2015년 7월 30일
지은이 이해준
펴낸이 이방원
편   집 안효희·김명희·강윤경·김민균·윤원진
디자인 박선옥·손경화
마케팅 최성수
펴낸곳 세창출판사

출판신고 1990년 10월 8일 제300-1990-63호

주소 120-050 서울시 서대문구 경기대로 88 냉천빌딩 4층

전화 723-8660

팩스 720-4579

이메일 sc1992@empal.com

홈페이지 http://www.sechangpub.co.kr

ISBN 978-89-8411-536-1 04910

        978-89-8411-350-3(세트)

이 도서의 국립중앙도서관 출판시도서목록(CIP)은 서지정보유통지원시스템 홈페이지(http://seoji.nl.go.kr)와
국가자료공동목록시스템(http://www.nl.go.kr/kolisnet)에서 이용하실 수 있습니다. (CIP제어번호: CIP2015019921)

석학
人文
강좌
28

고을과 마을의 문화이야기

-지역문화와 생활문화-

이해준 지음

세창出판사

이 책은 한국연구재단이 주최한 제3기 석학인문강좌 "인문학의 거울에 나를 비추다" 제8강 "고을과 마을의 문화이야기" 강의 내용을 보완하고 가 필하여 정리한 것이다. 이 책에서 다루고자 하는 내용은 기존의 한국역사와 문화사를 주제로 한 전문 강의들과는 약간 차이가 있다.

그동안 우리가 알고 논의해 온 내용들이 주로 국가사, 중앙사, 보편사를 다루었다면, 본서에서 다루려고 하는 내용들은 그러한 '배운 역사', '아는 역 사'와 다른 이야기일 수도 있다. "지역문화와 생활문화"라는 역사의 '소수, 부분, 블루오션(Blue ocean)'에 대한 관심과 그 올바른 의미에 관한 것이기 때 문이다.

한국사에 있어서 중앙과 지방, 지배층과 민중의 문화는 과연 어떤 의미가 있으며, 또 어떻게 보아야 바로 볼 수 있을까? 우리들에게 익숙한 역사는 대 부분 중앙, 지배층, 승자의 역사이다. 물론 이들 역사주체들의 문화는 매우 중요하고 당연히 중심적 역할을 하여야 할 것이다. 그러나 각 시대, 각 지역 의 문화들은 생성 배경과 지역민의 의식에 따라 각각 서로 다른 모습을 갖게 마련이다. 따라서 이 같은 지역 특성을 우선 제대로 규명하는 것이 필요하 고, 한걸음 더 나아가 이를 통해 국가사 전체가 재복원, 종합되기를 기대하 게 된다. 그럴 때 역사문화의 실제 모습에 더 가깝게 접근할 수 있을 것이다.

또 역사는 "승자(勝者)의 기록물"이라고 말하듯 역사의 패자, 혹은 지역세 력, 민중의 기록은 중앙 지배층, 영웅 중심의 역사 기술에서 대부분 축소, 굴 절되었을 가능성이 많다. 한편 대동계나 두레로 상징되는 한국의 풋풋한 촌 락생활문화는 '자율'과 '공생의 지혜'였다. 그리고 소위 민속이라는 이름으로 전해지는 '쓰여지지 않은' 다양한 민중의 생활문화사는 오랜 역사와 현실 속에서 수많은 시행착오를 거치며 우리 실정에 맞게 정착한 전통이기도 하였다. 어쩌면 이 같은 예처럼 쓰여지지 않은, 쓰여지지 못한 역사에 대한 연민과 애정이 이 책의 저술 배경이라고 할 수 있다.

역사의 블루오션이라 할 '지역', '마을'의 역사와 문화는 보완 및 재평가가 필요한 대상이다. 지금까지 이들 문화는 중심보다는 '주변', 원형보다는 '변형', 주류보다는 '아류', 보편보다는 '특수'로 읽혀 왔기 때문이다. 그러나 다시 한 번 주변, 소수, 특수한 문화들을 살펴보면, 이들은 중앙문화와 항상 상대적, 상보적 관계 속에서 한국문화를 구성한 존재들이었다. 그리고 이들은 중앙의 지배문화와 연대, 갈등, 타협, 공존하면서 존재했던 한국 역사문화의 구성인자였던 것이다. 따라서 이들에 대한 새로운 조망과 인식이 가해진다면 우리의 역사와 문화사 이해가 보다 폭넓고 깊이 있게 인식될 수 있을 것이다.

문제는 이러한 지역, 마을문화가 올바른 이해와 평가(제값, 바로 보기)를 받기 위해서는 과연 무엇이 필요하며, 어떠한 시각에서, 누가 그 작업을 해야 할 것인가이다. 우리는 우리가 자랑하고 싶은 한국문화와 외국인이 좋아하는 한국문화가 다르며, 또 때로 외국인이 절대 이해하지 못하는 한국문화를 과연 그들에게 어떻게 설명하고 이해시킬지를 고민해 본 경험이 있을 것이다. 문화의 상대성과 특수성, 그리고 문화의 주체와 객체가 느끼는 다른 감성을 보여 주는 것으로, 바로 이러한 점을 중앙문화와 지역문화, 지배층과 민중의 생활문화에서도 함께 생각해 볼 수 있어야 한다.

이 책을 통하여 나는 이제까지 역사에서 크게 주목하지 못했던 '역사가 챙기지 않은 지역의 이야기', '지역민이 만든 문화', 그리고 '마을의 공동체 생활문화'에 대하여 좀 더 면밀하게 생각해 볼 예정이다. 독자들과 함께 이들을 올바로 바라보기 위한 진지한 토론의 계기가 마련되기를 기대한다.

또 하나 책머리에서 필자가 독자들에게 꼭 이야기하고 싶은 것이 있다. 바로 지역문화, 마을문화를 조사하면서 얻은 필자의 경험과 연구자로서의 믿음, 느낌들이 바로 그것이다. 30여 년의 내 연구를 돌이켜 보면 선배나 동료들과 비교해 전문연구보다는 자료조사와 수집, 정리방식의 개발에 더 많은 시간을 투자했다. 정말 그동안 작은 것, 소외된 것, 그리고 지역적인 것들을 챙기는 데 꽤나 열심이었던 것 같다. 그래서 많은 사람들이 나를 "발로 뛰는 연구자"라고 평해 주고, 자료를 찾아 현장 곳곳을 헤맨 것이라든가, 제자들과 항상 함께 했던 시간들이 보람되고, 또 전국 여러 곳에서 나를 반겨 주는 지역연구자들이 있다는 것들이 그러한 감회를 더욱 크게 한다.

자료를 찾아 이곳저곳을 다니다 보면 참으로 많은 것들을 배우고 느끼게 된다. 혹자는 금방 자료 수집이나 그에 대한 욕심을 떠올릴지 모르나, 사실 나의 경우는 항상 새로운 자연과, 자료를 매개로 만났던 여러 모습의 사람들이 더 기억에 남는다. 자료나 연구도 물론 중요하지만, 역사의 현장을 내 발로 다녀 본다는 것과, 역사의 현장에서 만난 사람들의 삶과 생활사를 통해 더 많은 역사의 진면을 읽을 수 있었던 까닭이다. 나와는 전혀 다른 생활환경과 성격을 가진 사람들과 만나서 대화를 나누고, 그들의 마음을 읽고, 때로는 비위를 거스르지 않으면서 자료를 얻어 낼 수 있는 경험은 참으로 인생사에서 다시 배울 수 없는 '실전 현장'이라고도 할 만했다.

지역마다, 마을마다 같은 것이 하나도 없는 자료조사의 즐거움과 재미는 경험해 보지 않으면 알기 어렵다. 편하거나 쉽지는 않지만, 흘린 땀만큼 소득이 많고 단 한 번도 허비되지 않은 보람을 주는 것이 조사의 매력이다. 그런데 어떤 사람들은 내게 묻곤 한다. "왜 자료조사와 지역사가 그렇게 재미있다고 생각하느냐?"고. 이에 대하여 나는 감히 당당하게 다음과 같은 답을 하고 싶다. 첫째는 우선 남보다 먼저, 그리고 남들이 못 챙긴 새 자료를 발견한다는 희열도 있지만, 그에 더하여 무궁무진한 현장자료들이 다양한 유형과 문화 차별성, 문화의 적응력에서 귀중한 판단과 이해를 도와준다는 것이다. 둘째는 다양한 자료들은 연구자에게는 문화이해의 풍부한 상상력을 키워 주는 보배이기도 하다는 것이다. 문화의 주체인 사람, 문화의 배경인 자연환경, 신분구조와 생업에 따른 구조의 차이와 이해 등등, 그리고 다양한 자료 섭렵의 과정에서 학교교육이나 논문에서 익히지 못한 문화이해의 종합 마인드를 가지게도 한다.

지금까지도 그래 왔듯이 나는 앞으로도 지역문화를 연구하고 교육하며, 지역의 연구 인력을 양성해야 할 책임을 진 지방대 사학과 교수로서 후회없이 그렇게 살려고 한다. 나를 필요로 하는 무수한 자료와 사람들이 있기 때문이다. 어쩌면 이 책의 내용 대부분은 바로 그러한 현장 조사와 경험을 통해서 얻은 생각들을 정리한 것이라 하여도 틀림이 없을 것이다.

한국문화의 큰 줄기에서 보면 아주 부분적이고, 소수, 블루오션이라 할 고을과 마을의 문화에 대한 필자의 생각들이 과연 독자들에게 어떻게 전달될지에 대해 궁금하기도 하고 조심스럽기도 하다. 부족한 글을 책자로 간행하도록 기회를 준 한국연구재단에 감사를 드리며, 나와 뜻을 같이하며 지금도 자료조사와 문화 바로 알기, 활용에 진력하시는 모든 지역문화 연구자들과 함께 이 책을 공유하고자 한다.

2015. 7
금강과 계룡산을 바라보며
이 해 준

제 1 장

—

한국사 속의 지역사와 지역문화

—

이제까지 중앙사의 시각과 의식으로, 그리고 '객체'로 바라보았던 지역과 지역민. 역사의 블루오션이었던 이들 '지역사와 지역문화'를 올바로 보려면, 그리고 그들 스스로가 역사와 문화의 '주체'가 되려면 무엇을 어떻게 하여야 할까?

그러기 위해서는 먼저 기존의 중앙중심, 국가사와 보편사 시각을 점검하여야 할 것이고, 중앙과 지역의 문화차이를 상대적 안목에서 마주 보며, 쌍방 간의 소통과 챙김이 필요하다고 생각한다. 이 장에서는 이들 중앙과 지방의 역사와 문화를 보는 상대적 인식과 그 편차, 중앙과 지방의 상대적 가치 인정의 문제, 그리고 이와 함께 지역세력과 지역문화를 특징적인 몇 개의 사례로 예시하면서 그 다양한 의미를 살펴보고자 한다.

1. 역사의 블루오션, '지역사와 지역민'

진주와 쓰레기, 보물과 폐물

역사기록들은 대부분 '승자(勝者) 편의 자전(自傳)'이라고 한다. 물론 정치적 사건이나 치열한 쟁투가 있던 전환기에 승자와 패자는 엄연히 구별되고, 결과 처리나 평가 과정에서 승자의 입장이 부각될 것은 자명하다. 그러나 역사에서 정작 중요한 것은 승패에 있는 것이 아니며, 또 영원한 승자도 있을 수 없는 법이다. 오히려 우리는 과거의 수많은 역사적 경험 속에서 승패를 떠나 그 각각의 의미와 가치를 되돌아볼 수 있어 행복한 것이다.

문화에서도 마찬가지이다. 과거의 우리 문화 중에는 '진주와 쓰레기'가 모두 존재한다. 보석처럼 빛나는 역사와 문화가 있는가 하면 반대로 생각조차 하기 싫고 부끄러운 쓰레기 같은 역사와 문화도 있다. 사실 그것이 정상이고 본래 역사는 그런 것의 종합체이다. 다만 이를 구분하여 배우고 챙기고, 혹은 교훈으로 삼아 전철을 밟지 않는 것이 바로 제대로 된 문화이해이며, 문화의식이다. 한편 어느 집의 '보물 목록' 1호가 다른 집에서는 '폐기 목록' 1호가 되기도 한다. 가치를 보는 시각과 기준의 차이이며, 챙기고 느끼기 나름인 것이다.

이처럼 문화를 느끼고 생각하는 수준은 나라마다 사람마다 다르며, 평가의 경우는 더욱더 다양한 만큼 편차도 크다. 역사해석은 고정되어 있지 않으며 재평가와 재인식이 계속된다. 과거의 역적이 이제는 충신으로 평가되기도 하고, 중죄인으로 처벌을 받았던 인물이 수십 년, 혹은 백여 년 뒤에 역사적 재평가에 의하여 명예가 회복된 경우도 수없이 많다. 동학이 언제는 동비(東匪)·동도(東徒)로, 동학란(東學亂)이라 하다가 이제는 동학농민운동(東學農民運動)에서 동학혁명(東學革命)으로, 그리고 최근에는 동학농민전쟁(東學農民戰爭)으로까지 불리는 것이 바로 그런 예이다. 소수자의 사상이 뒷날 선진과 개혁적인 것으로 추앙받을 수도 있고, 춘향이와 닮은 여인이 오늘날에는 매력 없다거나, 빼어난 미모가 아니라는 평가를 받아도 그것은 어쩔 수가 없다.

보기에 따라서 미인의 기준도 가지각색이고, 생활문화의 요령과 지혜도 시기별 가치기준과 지향점에 따라 평가가 충분히 엇갈릴 수 있다. 아메리카 신대륙을 콜럼버스가 처음으로 발견했다고 믿는 사람도 있을 터이고, 웃기는 이야기라면서 원주민 입장에서 자기네 '단군 할아버지의 발견'을 주장할 사람도 물론 분명 있을 것이다. 남들이 모두 청자나 금빛 찬란한 패물을 자랑할 때 어머니의 반짇고리나 호미 자루를 붙잡고 눈물을 뿌리는 사람도 있다. 보기 나름이고, 챙기기 나름이고, 느끼기 나름인 것이다.

'쓰여지지 않은' 지역사

나는 어느 글에서 '역사는 사실 눈을 감고 보아야 더 잘 보인다'는 억지 아닌 억지를 주장해 보기도 하였다. 눈을 크게 떠도 보이지 않는 역사를 눈을 감고 본다는 이 억설에 불편한 심경으로 반론을 제기할 독자들도 물론 있을 것이다. 그러나 내가 눈을 감고 보아야 한다고 말하는 뜻은 따로 있다.

예를 들어 보자. 임진왜란 때 의병들이 왜적을 무찌른 전투의 현장이 있다. 산성인 경우도 있을 터이고, 벌판도 있을 터이다. 그런데 지금 그곳에는 복원된 성벽과 우거진 숲만이 존재하고, 때로는 비닐하우스가 늘어선 경우도 있다. 아무리 눈을 뜨고 살펴도 충절과 항전의 함성은 들리지 않는다. 명량 대첩지에 가서 13척으로 왜군을 물리친 판옥선과 이순신의 모습을 볼 수가 없고 침몰하는 왜선을 보지 못하며, 저 유명한 옛 포구에서 오늘날 돛단배와 뱃사공의 숨소리를 찾기는 쉽지 않다. 하지만 눈을 감고, 당시와 그곳을 상상하고 뒤집어 봄으로써 무엇이 진짜이고 역사인가를 느낄 수가 있다고 본다.

또한 눈에 보이는 것만으로 역사를 다 보았다고 한다면 오히려 그것이 더 반신불수의 역사 해석일 가능성이 크다. 고고학 발굴의 경우 대부분의 신문 기사나 조사 발표를 보면 '최초', '유일', '최고' 등의 수식어가 붙는다. 사실이다. 특히 선사시대 같은 경우 기록이 없던 시대에 유적·유물의 발견 사례가 거의 없다 보니, 발견 사례들이 모두 그러한 평가를 받는 것은 어쩌면 당연하다고 본다. 그러나 발굴되거나 조사된 유적이 당대에 존재했던 유적 중 몇 퍼센트에 해당되는 것인지를 사실 우리는 거의 모른다. 아마도 남은 유적의 비중은 조선시대보다는 고려시대가 적을 것이고, 통일신라시대나 삼국시대로 올라가면 절대적으로 감소할 것이다. 그리고 선사시대로 가면 그런 비중은 더욱 감소되어 어쩌면 국보나 보물 수준의 희귀성이 인정될 수도 있으리라. 그런가 하면 근현대사의 자료들은 어떤가? 너무 다양하고 많은 자료들이 서로 다른 가치기준에 혼재되어 아직도 그 판가름이 나지 않는 것을 보라. 따라서 많은 경우 역사와 문화는 눈을 감고 보는 지혜와 방법을 구사할 필요가 있으며, 그럴 때 더 많은 것을 느낄 수가 있을 것이다.

중앙과 지방, 영웅과 민중

지금까지 우리의 역사는 대개 서울과 지배층의 시각에서 정리되어 왔다. 중앙과 지방, 영웅과 민중, 정사와 야사, 지배문화와 민중생활사 등등이 바로 그런 '시각'과 '평가기준'들에 의해 일반화된 경향이다. 그리하여 지역의

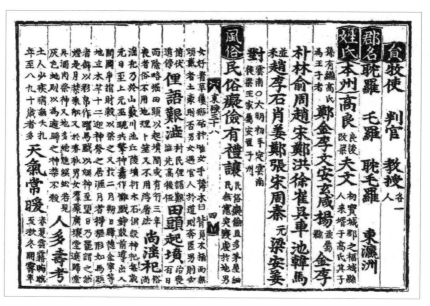

중앙 기록물에서 보이는 지역 관련 기록들은 거의가 중앙의 시각을 반영한 평가들이다. 『동국여지승람』에 보이는 제주 지역 풍속 조 기사도 그런 대표 사례의 하나이다.

역사·문화는 고급과 저급, 주류와 아류, 본질과 변형, 중심과 주변 등의 상대적 관점에서 후자로 보이게 되었다. 그래서 각 지역의 역사·문화는 자체의 성장 배경이나 발전 과정이 사장된 채 중앙 정치사의 한 부분으로만 존재해왔고, 기록된 지역문화상들도 대개는 특수한 경우라든가 예외적인 것들이 많고, 쓰여진 것보다 쓰여지지 않은 것이 더 중요한 경우도 많게 되었다.

나아가 한국역사 속에서 지역의 역사는 특별하게 주목할 필요도, 또 주목하도록 가르쳐지지도 않았다. 이런 까닭으로 일반인은 지역문화를 올바로 평가하거나, 또 그 실체와 특성을 발견하기가 쉽지 않다. 지역과 지역민, 지역의 역사·문화는 별도의 '도구'와 '관심', 그리고 매우 지대한 '노력'을 기울여야만 안개 속에서 겨우 형체가 확인된다. 그뿐이 아니다. 사려가 깊은 사람이면 과연 지금까지 배운 역사, 중앙 중심의 일방적 평가나 판단이 옳은 것인가를 다시 한 번 생각해 보아야 한다.

기록되지 않았다고 하여 생활문화나 그 변천사가 없었던 것은 아니다. 다만 기록하지 않았고, 기록할 필요가 없었을 뿐이다. 그런데도 역사학은 기록 자료가 없다는 핑계로 이에 대한 연구를 하지 않았다. 또 기록되어 있다고 하여도 지배층 중심의 관찬(官撰) 기록물들에서 보이는 지역이나 민중의 생활사 기록들도, 보편적인 특성이라기보다는 예외적이고 특수한 사항이거나, 중앙지배층의 시각에서 왜곡된 것일 경우가 많다. 그리하여 보편적인 삶을 살았던 대다수 민중들의 생활상, 특히 중앙이 아닌 지역의 역사·문화상은 2류이거나 예외로 폄하될 수밖에 없었다.

사실상 민중의 생활사를 뒷받침할 피지배 민중들의 '기록(記錄)'은 거의 없다. 물론 역사서들에서도 민중의 움직임이나 의식에 관련된 내용이 전혀 없는 것은 아니나, 그 대부분은 민중들의 입장이나 이해를 반영한다기보다는 오히려 그와 반대의 지배층이나 집권층 중심의 일방적 가치에 의하여 평가된 것들이다. 혹자는 그래서 흔히 역사가 '승자의 기록물'이라거나 '지배층의 자전'이라고도 한다. 이 말의 진위나 평은 뒤로 미루고서라도 그 말뜻의 일부에는 '패자'나 '기층민'에 대한 역사기록의 무책임을 뜻하는 측면이 있음을 인정해야 한다. 실제로 민속이나 민중생활문화는 기록과 무관한 것으로 치부하거나, 거의 없다고 생각하는 경향이다.

따라서 쓰여진 역사 속에서 재조명하고 재해석할 부분이 많고, "쓰여지지 않은 자료"에 대한 관심도 기울여야 한다. 이와 함께 새로운, 그리고 다양한 자료원의 발굴이 필요하다고 생각한다. 실제로 우리가 의식을 가지고 살피면 제2, 제3의 자료원은 도처에 수없이 많다.

2. 한국역사 속의 중앙과 지방

중앙의 지방지배, 그 의식들

한국역사에서 중앙의 지방통제가 항상 있었던 것은 아니다. 어쩌면 역사상 중앙집권력이 완전했던 시기보다 중앙의 지배력이 지방에 미치지 못한 시기가 오히려 더 많았다고 보아야 하지 않을까 싶다. 엄밀히 말한다면 ① 중앙이 없고 지방만 있던 시대, ② 여러 개의 중앙과 느슨한 지역연대의 시대, ③ 연합정권과 지방세력의 공존시대, ④ 중앙집권과 지방통제의 시대가 모두 있었고, 아마도 전통사회에서 이 중 중앙의 온전한 지방지배 모습이 연상되는 것은 조선시대 정도가 아니었을까도 싶다.

그렇다면 과연 언제부터 중앙의 지방지배가 실현된 것일까? 막연하게는 고대 왕권이 성립한 때부터였다고 생각하지만, 실제로 삼국시대에 모든 지역이 하나의 체계 속에서 일사불란하게 통제되었는지는 의문이다.

사실 이보다 훨씬 이전의 선사시대―삼한시대는 중앙이 없고 지방만 있던 시대였다. 오히려 역사시대보다 몇 배나 더 긴 기간 동안 씨족과 부족, 부족연맹적인 지방 소국들이 전국에 분포되어 있었고, 각 지역별로 독자적인 토착세력들이 그 지배권을 승계하면서 지배력을 가졌다. 삼국 고대왕권 성립기에도 지방에 대한 완전한 통제와 지배가 이루어졌다고는 보기 힘들다. 물론 백제가 탐라 지배를 위하여 출병하는 사례라든가, 신라가 골품제를 통해 지방세력을 재편하여 위계를 마련하는 것, 신라 경덕왕 대의 전국의 군현 명칭 개편 등이 중앙의 통제를 보여 주는 것일 수도 있지만, 왕도와 왕실 중심의 명목상 국가지배력이 대표성을 가진 정도였다고 보는 것이 실제에 가깝다. 이 시기에 강력한 중앙지배 의지는 있었을지 모르나 후대에 보는 것과 같은 체계적인 지방통제가 이루어지지 않았다.

고려시대 지방화된 대형 석불을 대표하는
은진 관촉사의 미륵불상. 지역세력과 문화를
상징적으로 보여 준다.

충주의 단호사 철불좌상.
고려시대 충주지역 세력과 문화상을 상징하는
문화유산이다.

　이어 나말여초의 호족성장기에 지방세력은 더욱 분화되었고, 고려시대가
되면 지역세력과 연합적 성격을 지닌다. 그리하여 지역세력과 지역문화의
독자성을 인정하는 공존, 연합 형태로 발전하였다. 아마도 한국 역사상 고
려시대는 지역세력이 가장 독자성을 가지고 번성하였던 시대라고 해도 과
언이 아니다. 우선 나말여초의 전환기와 고려 건국기 사회를 '호족(豪族)'의
성장과 연합정권이라 하고, 문화 면에서도 선종사찰, 풍수비보 사상을 비롯
하여 중앙문화인지 지역문화인지 구분이 애매할 정도의 불교문화 조영 등
이 그런 사정을 연상하게 한다. 특히 중앙과 연대·타협한 모습을 상징적으
로 보여 주는 왕비, 왕사, 국사, 태사 등의 존재, 혹은 토성(土姓)의 존재나 본
관지(本貫地), 호장층(戶長層)의 세습, 그리고 인물신으로서 세 지역 인물이 성

황신으로 숭앙되는 것은 그러한 모습을 아주 잘 보여 준다. 혈연과 지연, 그리고 신분적 지위를 세습한 호장층으로 불리는 강력한 토성세력에 의하여 지방은 독자적으로 운영되고 있었다. 여기에는 지역세력의 정치, 문화, 사회경제력이 바탕이 되어 있었다. 다시 말하면 이렇게 오랜 기간에 걸쳐 형성된 지역적 전통과 독자성이 지연, 지역성을 가지게 하였고, 그것이 바로 지역문화의 기반이었다.

그러다가 조선시대에 이르러 중앙정부는 강력한 지방통제 정책을 펴고 토착세력 견제에 들어가게 된다. 모든 지역이 중앙의 지배력에 의하여 하나의 체계 속에서 일사불란하게 통제되는 엄밀한 시기는 역시 조선시대 이후였다. 즉 조선초기의 중앙세력들은 강력한 지방통제를 필요로 하였고, 고려시대 지방 지배세력들인 농장, 불교, 토호, 향리 등은 조선 건국과 함께 개혁의 대상, 혹은 갈등의 대상으로 구체적 청산 대상이 되었다.

조선초 중앙세력이 군현 통폐합을 통한 구세력의 교체를 도모하는 한편 향리들을 통제하는 방안으로서 부민고소금지법(部民告訴禁止法), 수령구임법(守令久任法), 원악향리법(元惡鄕吏法), 사민정책(徙民政策) 등을 실시하였던 것은 유명한 사실이다. 그리고 이 과정에서 재지 지배권 확보를 꾀하는 재지사족과 중앙정부는 이해가 상통하였고 결국 이들의 연대와 타협이 실현된다. 그 과정의 산물이 바로 조선적인 양반-사족 지배체제의 확립이라 할 수 있다.

사족을 매개로 하는 이러한 지방지배 방식은 일정한 성과를 거두었지만 재지사족이 원하는 지방지배체제는 사실상 중앙집권 세력들이 바라는 통제가 아니라, 자신들의 주도하에 이루어지는 향촌자율적인 체제였다. 자치와 자율의 전통은 특히 조선시대에 추구되었던 덕목으로 여러 형태로 발전되고 전승되어 왔다. 다만 서양의 사회과학적 개념이나 용어로 포장되지 않았을 뿐이고, 매우 다양한 형태를 구현하고 있었으며, 더욱 주목할 것은 그것들이 '제도의 완벽성'보다도 제도를 운영하는 '인간의 도덕성'에 더 큰 비중을 두었다는 점이다. 특히 향촌자치의 구현은 조선사회의 특징적 모습이었다. 유향소(留鄕所), 향규(鄕規)[향약(鄕約), 향회(鄕會)] 같은 지역대표자들로 구성된 자치적 지배조직이 기능을 담당하면서 조선의 지방행정은 균형, 견제, 상보의 메커니즘을 지니게 되었다.

지방행정에 있어서 군현단위 사족들의 결사 합의체인 향회(鄕會)는 오늘날의 지방의회 같은 성격의 지역민 합의체로서 이런 기능을 담당한 주체였다. 조선 중기에 활발했던 사족들 간의 결사체인 '향안(鄕案)'과 그들의 규약이었던 '향규(鄕規)', 그리고 향약(鄕約) 조직은 바로 그러한 향회의 구체적 모습이었다. 사족들이 향촌사회에서 향권을 장악할 수 있었던 것은 '향회'로 대표되는 자신들의 합의체적 향촌권력기구를 가지고 있었기 때문이었다. 이들은 여론을 창출하는 주체였으며, 한 지역[일향(一鄕)]의 여론, 즉 '향중공론(鄕中公論)'을 토대로 관권과 수령에 대한 견제와 비판, 그리고 자율적인 향촌사회 운영 주도권을 지닐 수 있었던 것이다. 조선시대를 사족지배체제라거나 양반사회, 선비문화로 상징하는 것은 바로 이러한 향촌자치와 자율의 구조 속에서 가능했던 것이다.

객체로서의 지역사와 지역민

그러나 중앙 집권세력의 입장에서 보면 이러한 지역은 교화의 대상이자 부세의 공급, 조달처였다. 또 정부의 입장에서는 중앙의 문화적 우위성과 보편론이 보급될 대상지였으며, 그 전이와 확산 여부가 지역 평가의 주된 기준이 되기도 했다.

조선시대 중앙의 지방지배와 인식은 지방지배의 대행자인 수령의 일곱 가지 임무, 즉 「수령7사(守令七事)」를 보면 아주 정확하게 그 실체를 엿볼 수가 있다. 수령칠사란 『경국대전』 이전(吏典) 고과조(考課條)에 실려 있는 것으로 농상성(農桑盛, 농상을 번성하게 함)·호구증(戶口增, 호구를 늘림)·학교흥(學校興, 학교를 일으킴)·군정수(軍政修, 군정을 닦음)·부역균(賦役均, 역의 부과를 균등하게 함)·사송간(詞訟簡, 소송을 간명하게 함)·간활식(奸猾息, 교활하고 간사한 버릇을 그치게 함)의 일곱 가지로서 대개 지방을 지배와 교화의 대상으로 보고 있거나, 부세 수취와 군역 징발의 대상, 공급처로 보고 있다.

물론 시기에 따라서, 그리고 중앙정부의 입장에서 보았을 때 지방은 3가지 유형으로 나누어 볼 수 있다. 하나는 중앙의 통제를 잘 받아들이고 충성스러운 지역으로 협조와 연대가 이루어지는 곳이고, 두 번째 유형은 반대로 갈등과 대립으로 통제가 필요한 지역, 그리고 마지막은 상호 무관심하거나 특별한 문제점 없이 적절한 평행관계를 유지하는 지역 등일 것이다.

그리하여 지역세력의 강약에 따라서 각 지방은 지배, 견제, 연대의 대상세력이 되기도 하였고, 군현 승강의 경우에서 보는 것처럼 공과(功過)에 따른 처우를 받기도 하였다. 고려시대의 경우 군현 통폐합이나 군현의 승강을 통하여 중앙정부와의 연대가 중시되는 구조를 만들고 있었다. 이는 시기에 따라, 혹은 지역세력의 변화를 반영하는 것으로 왕비가 배출되거나 친중앙정부의 공으로 군현의 지위가 승격되는 경우가 있는가 하면, 중앙정부에 강력하게 반기를 들거나 타협하지 않았다는 이유로 군현이 폐치되는 곳도 있었다.

좀 더 구체적으로 관찬의 사서들에 보이는 지역에 대한 평가를 보면

- 새로 수령에 제수된 자들이 … "모현(某縣)은 풍속이 완악하고 어리석어서 다스릴 수가 없다"라 하고….
- 풍속이 별나고 군졸은 사납고 백성은 어리석어 기쁠 때는 사람이지만 성

明文案從良當無情由也旦庚辰年正案内錄云權裕同生五甥
妹等一傳旨已身免役則其不得從良也明矣著推考則可
知奸僞矣　上顧問左右領事尹獬商啓曰果若宋瑛之言則
都監不得無罪也歷納黃啓沃啓曰權裕等事臣未詳知但以
憲府所啓都監觀之都監烏得無罪推之為便
有情乎瑛啓曰推考得情後罪之輕重在扐　上載　上曰此是錯誤當
司官吏時方推劾工房承旨亦不得草芒内見之言於都承旨曰今
非承旨之過也但其日不設草芒則當過行遂
不設草芒而過此實不可稱商啓曰宗廟禮之大者承旨等
不得無罪而又推也瑛又啓之如此耳　上曰此事非承
旨之過不可推也瑛又啓曰臣聞全羅慶尚兩道之俗民間觀
波出葬前一日大設帳幙置柩於其中汲油蜜果盛於大盤真
於柩前大會僧俗呈雜戲飲酒歌舞徹夜緯有識者亦隨俗為

조선왕조실록의 지역 관련 기사에서도 중앙에서 파견된 관리의 시각에서 평가된 것, 예외적인 특수 사실이 주목된 경향을 엿보게 된다.

내면 짐승 같아서 제어하기가 어렵다.

- 땅은 넓고, 사람들은 사나워 반역과 속임이 벌떼처럼 일어난다.

- 본래 백제의 옛 땅으로 인심이 박악(薄惡)하기가 다른 도의 배나 되니, 만약 엄하게 다스리지 않는다면 금제하기가 어려울 것 … "인심이 각박하고 악하여 도둑이 무리져서 일어나고 아랫사람이 윗사람을 능멸하는 일이 흔히 있습니다…" 하니, 임금이 말하기를 "백성들이 견훤이 남긴 풍습을 이제껏 모두 고치지 못하였으므로, 그 풍습이 이와 같은 것이다"라 하다. … "듣건대 서로 죽이는 것을 가볍게 여긴다고 합니다."

라고 하는 등으로 중앙의 평가와 시각을 위주로 하는 객체, 상대적 관점의 일방적 '지역 평가'가 대부분이고, 특별한 풍속을 지닌 지역에 대한 중앙관리나 지식인의 평가는 매우 편향적이고 부정적임을 보게 된다.

그런가 하면 관찬 사서에 수록되는 지역의 역사 기록들은 '특정 시기', '특정 인물', '특정 사건'으로, 중앙의 지배세력과 상관되어 그 성격이 규정된다. 그리고 그 내용도 지역민 주체의 역사문화 이해나 배려는 전혀 없이 부정적인 단편 사례로 취급되는 경향이다.

지역문화의 상대성과 특수성

모든 문화는 보편성과 특수성을 가지고 있다. 한국의 지역문화 또한 마찬가지로 한국문화의 보편성을 가지면서, 동시에 그 지역만의 독특한 "지역적 특성과 정체성"을 지니고 있다. 중앙 입장에서의 평가로 일관된 역사에서는 이러한 지역문화의 상대성과 특수성을 인정받지 못하였다. 중앙의 시각과 관점에서 평가되고 쓰여진 지역사는 마치 언어에서 서울말이 표준어이며 방언은 지역별 사투리로 보듯이

- 중심과 주변
- 원형과 변형
- 주류와 아류(본류와 지류)
- 보편과 특수

라는 2분 구조, 내지는 차별적 평가(시각) 속에 고정시켜 버림으로써 지역문화 속에 담긴 진정한 의미를 도외시하거나 왜곡하기도 하였던 것이다. 이런 상태에서는 지역문화가 지닌 다양성과 독자성, 정체성을 이해하기 어렵고,

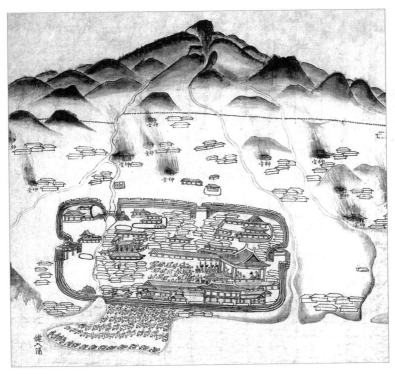

제주목사 이형상이 제주문화를 소개한 『탐라순력도』의 한 부분. 이 그림에는 무속과 관련된
신당들이 불태워지는 모습이 그려져 있다.

급기야 지역문화를 단편 사례로 취급하거나 흥밋거리, 돌연변이 정도로 보
게 하기도 한다. 따라서 중앙의 시각과 관점에서 평가되고 쓰여진 지역사를
제대로 이해하기 위해서는 가장 먼저 상대적 가치를 인정하는 의식이 필요
하다.

  양재역벽서사건(良才驛壁書事件)에 연루된 후 진도로 유배되어 19년간 귀양
살이를 하였던 노수신(盧守愼, 1515~1590)은 진도의 개화조로 불린다. 일찍이
진도에 성리학과 유교적 교화를 이룬 인물로 진도 봉암사에 제향되기도 한

다. 그러나 반대로 그가 진도의 전래 민속과 민중의례를 유교식으로 바꾸는 데 일익을 담당하였다는 점으로 보면 진도 전통 민속문화를 단절시킨 사람이라 할 수도 있을 터이다. 제주도에는 18세기 초에 제주목사로 부임한 이형상(李衡祥)이 1702년(숙종 28) 한 해 동안 제주도 각 고을을 순행하면서 여러 모습을 화첩으로 그린 『탐라순력도(耽羅巡歷圖)』가 전해진다. 이 자료는 조선 후기 제주도의 각종 문화상들을 엿보는 귀중한 자료가 되고 있는데, 옆의 삽도에서 보는 것처럼 제주도의 신당을 불태워 없애는 모습이 그의 공적으로 그려져 있다. 이 그림에 첨부된 기록에는 "사찰 5개소를 훼철하고 신당(神堂) 129곳을 불태웠으며 285명의 무당을 귀농시켰다"고 적혀 있다. 당시 성리학자인 목사가 제주도의 고유민속신앙을 정리한 것은 중앙의 지배층 입장에서 보면 당연한 공무 수행이고 업적일 수도 있지만 반대로 제주도의 지역문화, 민속신앙의 전승이라는 측면에서 보면 그는 파괴자일 수도 있다.

즉 중앙문화, 지배문화에 의한 지역문화의 평가 시각이 문제가 되기도 하는 것이다. 지역문화가 지닌 모습들이 정확하게 전해지려면, 중앙과 지방의 서로 상대적인 개념들을 분명하게 정리하여야 하고, 그에 맞는 의미를 부여하여야 한다. 따라서 이러한 이중적 잣대의 차이를 해소하고 상대성을 이해하는 것이 먼저 필요한 것이다.

다음으로 한국문화와 지역문화는 마치 여러 색깔의 꽃들로 가득 찬 아름다운 꽃밭과도 같다. 한국문화와 지역문화는 마치 꽃밭의 전체 모습과 그 속의 빨간색, 노란색의 꽃처럼 어우러져 있는 것이다. 이 색깔들을 무시한 채 꽃밭의 조화와 종합적인 아름다움을 말하는 것은 어불성설이다. 바로 그것은 지역문화의 정체성과 다양성을 배려하지 않는 절름발이 한국사와 한국문화 이해와 같은 것이다.

우리는 지성적인 통찰력과 판단력을 얻고자 과거의 역사와 문화를 배우

촌락 내의 농업조직이었던 두레는 조선
후기 사회변화와 농민문화의 발달로 지
역별로 조직화한다. 기세배 놀이나 호미
씻이, 백중놀이 등등의 행사가 그런 유
이다.

려 한다. 그런데 우리가 배운 역사, 외운 역사가 과연 얼마나 실용적이고 가
치가 있을까? 역사에서 정확한 진실은 과연 무엇일까? 한 치의 거슬림도 없
는 역사의 정답이 과연 얼마나 있을까? 외우기식 높은 점수, 지식 자랑으로
서는 분명 의미가 있는 공부였으나, 실제로 역사 지식이 지성적 통찰과 비
판, 판단력에 얼마나 유효하게 활용되는지는 의문이다. 물론 이들이 가지는
가치와 의미가 분명히 있고 그 자체를 부정해서는 안 되지만, 입장에 따라
수시로 변하는 것은 문제이다.

　예컨대 '배운 역사', '아는 역사' 속에서 이제까지 주객을 신중하게 생각하
지 않고 내렸던 '보편과 특수', '획일과 다양', '통제와 자율', '집권과 분권' 등
의 개념들에 대해서도 다시 생각하여야 한다. 그리고 방언권도 문화권역을
나누는 지역적 특색이며, 판소리에서 동편제와 서편제라든가, 민속신앙과

세시의례에서 농악과 줄다리기 권역, 추석권과 단오권, 논농사와 밭농사 지역, 제주도 지역에서 두레의 명칭과 성격이 서로 다른 것 등이 모두 문화의 지역별 상대성과 특성을 말해 주고 있는 것이다.

국가사와 지역사 퍼즐

다음의 표는 국가사와 지역사의 변화를 퍼즐로 만들어 본 것이다. 이 표에서 한국사, 국가사, 중앙사의 시각에서 정리된 시대별 변천은 일반적으로 [01→02→03→04→05→06]으로 가르쳐지고 알려진다.

〈표〉 한국문화와 지역문화 변천

구 분	지역성	선 사	삼국-통일신라	고 려	조선 전기	조선 후기	한말-일제
한 국		01	02	03	04	05	06
경 기	10	11	12	13	14	15	16
강 원	20	21	22	23	24	25	26
충 청	30	31	32	33	34	35	36
전 라	40	41	42	43	44	45	46
경 상	50	51	52	53	54	55	56
제 주	60	61	62	63	64	65	66

그러나 이를 좀 더 정밀하게 분석해 본다면 각 지역별로 예컨대 경기지역은 10, 충청지역은 30 등으로 지역성을 가지고 있으며, 지역별로 시대별 변천도 전라도의 경우는 [41→42→43→44→45→46]으로 독자적 변화를 보여 주고 있었다고 본다. 그리하여 충청도에서의 고려시대는 33의 모습으로 경기도의 13이나 경상도의 53, 제주도의 63과 매우 다른 모습의 문화를 가꾸어 왔다는 것이다. 이런 자체의 성장 배경이나 발전 과정, 지역별 비교를 통해서 우리는

한국사 속에서 지역성과 지역 정체성을 찾아낼 수 있는 것이다.

그러나 이제까지의 한국사, 한국문화는 중앙사, 지배층의 논리에 의하여 역사의 흐름과 문화특징이 [01→02→03]의 모습으로 정리되어 그것이 정답이자 진리인 것처럼 이해되어 왔고, 여기에 더하여 분야별로는 자료가 충실히 점검되지 않은 상태에서 [11→32→43→24→55] 등으로 지역과 시대를 넘나드는 한국문화 정리가 나타나기도 한다.

아주 정확한 예시는 아닐 수도 있지만, 조선시대의 향약이나 동약 자료는 경상도에 가장 많이 남아 전해지고 있다. 그에 비하여 함경도나 평안도의 자료는 아주 적다. 그런가 하면 두레와 같은 자료는 논농사 지역과 밭농사 지역에 따라 이름도 다르고 시기도 다르다. 그러나 한국 향약의 특성과 역사는 경상도의 향약으로, 두레는 전라도와 충청도의 자료로 정리되고, 나머지 지역은 자신들의 향약과 두레 문화를 잃은 채 손님처럼 구경하는 형상이 되기도 한다는 것이다. 그런 상태에서 지역의 독특한 성격은 객체, 상대적 관점으로 보여 해당 지역의 역사·문화가 때로 저급, 아류, 변형, 주변 사례로 평가되는 일도 적지 않게 생겨났다.

그런가 하면 같은 충청도라 하더라도 그 안에서 다시 지역적인 문화 차이와 속성이 드러나기도 한다. 예컨대 충청도를 '청풍명월'이라고 하지만 충북과 충남 사람들이 느끼는 이 말의 어감이 다르다. 즉 충북은 자체 내에서 중원(충주) 문화와 서원(청주) 문화를 대비하고 있으며, 충남은 금강 유역의 백제문화와 서해안의 내포문화권을 나누어 보려고 한다. 전남의 경우도 영산강 유역과 섬진강 유역이 서로 다른 문화특성들을 가지고 있다고 본다. 이런 사례들은 지역문화를 바라보는 안목을 가질 때 수없이 지적하고 추출해 낼 자료들이다.

다시 강조하지만 문화는 지역별로, 시대별로 각기 다른 모습을 보여 주면서 그곳에 그런 형태로 남아 있는 것이며, 우리가 조사 정리하는 지역문화 자료들을 바로 그 모습 그대로 정확하게 보아야 한다. 자칫 지역문화의 상대성과 특수성을 발견하지 못한 채 중앙사·국가사·보편사의 시각에서 평가 절하 하거나 끼워 맞추기식으로 이해하거나 굴절시킨다면 문제라는 것이다.

3. 지역세력과 지역문화

지역문화를 이야기하려면 가장 먼저 그 문화의 주인이자 주체였던 지역세력과 지역민에 대하여 이야기하지 않을 수 없다. 지역문화는 지연·혈연, 그리고 사회경제 생활권을 같이하면서, 오랜 행정적 편제 속에서 동질의 역사를 경험한 사람들이 만들어 낸 공동체 문화라고 할 수 있다.

역사와 함께 변한 지역세력

역사상 가장 이른 시기의 지역세력의 모습이라 하면 커다란 규모의 고인돌을 축조했던 청동기 시대의 지배층이 먼저 상상된다. 그리고 초기 철기시대로 넘어와서 각 지역별로 존재했던 부족장들이나 마한시대 마한소국의 군장들을 상상할 수 있을 것이다. 많은 지역에서 발굴되거나 수집된 다양하게 발달한 청동기문화는 지역별 문화조영의 증거물일 것이며, 예컨대 영산강 유역 마한시대의 대표적 묘제인 옹관묘나 그곳에서 출토된 금동관은 그 세력들의 위상을 잘 보여 주고 있다.

이들 삼한시대의 부족국가나 부족장들은 모두 지역기반을 가진 독자적인 세력들로 성장하였으나, 고대국가로의 발전과정에서 중앙의 왕권과 연대, 타협, 혹은 갈등하면서 자신들의 역사와 문화를 이루어 나갔다.

강화도 선사문화를 상징하는 고인돌. 한국 최대의 규모이지만, 이 시기의 다른 강화도 문화 유적, 유물들은 거의 전하지 않는다.

앞 절에서도 잠시 언급했던 것처럼 아마도 한국 역사상 지역세력이 가장 독자성을 가지고 번성하였던 시대는 고려시대였다고 하여도 좋을 것이다. 나말여초의 사회전환기에 주도세력이었던 호족, 그리고 지역기반이 강했던 선종세력은 이후 고려 중앙세력과의 연대와 타협을 통하여 지역의 토착 지배세력으로 자리를 굳혔다. 이들 지역세력은 중앙정부로부터 적정한 통제권을 이양받았고 불교문화로 대표되는 지역문화 발전과 함께 지역의 정치·사회경제력의 주체가 되었다. 그리고 이런 지역적 전통과 독자성은 본관의 형성이나 호장층의 지배력 계승, 성황신과 같이 지역 인물신으로 추앙되는 등 지역 정체성의 중심이 된다.

그러나 조선시대에 이르러 중앙정부는 강력한 지방통제 정책과 고려적인 토호세력에 대한 견제를 시작한다. 모든 지역이 중앙의 지배력에 의하여 하나의 체계 속에서 일사불란하게 통제되는 엄밀한 시기는 역시 조선시대 이

영산강 유역의 고대문화를 상징하는 대형 옹관고분군.
사진은 그 대표적인 나주 반남고분군이다.

영산강 유역의 고대문화를 상징하는
옹관묘에서 출토된 금동관.

후였다. 즉 조선의 중앙권력은 지역 기득권 세력인 고려의 토호세력을 제어
하기 위하여, 군현 통폐합을 통해 구세력의 교체를 도모하는 한편 각종 지역
세력에 대한 통제정책을 실시한다. 그리고 이러한 지역 통제를 위해 새로운
지역 지배력을 확보하려던 재지사족들과 연대를 모색하게 되고 그 과정에
서 조선시대 사족지배체제가 마련된다.

  역사상의 지역세력들은 지역의 대표자이며 문화조영의 주체라고 할 수
있다. 그리고 자신들의 입장과 이해, 필요에 따른 선택적 결정을 하면서 중
앙문화와 공존해 왔다고 보아야 한다. 조선전기에 고려적 유제를 지닌 토호
세력[호장층]의 지역세력들은 사회변화에 발맞춰 두 갈래로 나누어진다. 하
나는 성리학적 지배질서에 동참하는 사족화의 길을 모색하고, 다른 하나는
약간의 통제에도 불구하고 기득권을 지켜 가는 세력으로 분기된다. 전자들
은 이거하는 사족세력과 혼인 등을 통하여 지역의 지배권을 유지하는 사족
이 되고, 경제력을 보유했던 후자는 향리세력으로 변신하게 된다.

사족화한 세력들에 의한 지역문화의 변화는 성리학 중심, 중앙집권과 지방통제라는 측면에서 고려시대의 자율성과 비교하면 한계가 많았다. 그들은 중앙세력과 때로는 연대, 타협하기도 하고 때로는 대립, 갈등을 하기도 하면서 중앙의 지배문화를 전파해 온 매개체였기 때문이다. 이들 조선시대의 지역지배권을 장악한 사족들은 향안(鄕案)이라고 하는 지배세력만의 명단을 만들어 자신들의 전통적 지위를 존속하고자 했고, 향규(鄕規)라는 자체 규약을 만들어 조직력을 강화하기도 하였다. 이들 사족은 조선후기까지 지역문화를 주도해 온 중심세력이었다.

지역 의식을 대변하는 자료들

한편 중앙문화에 의한 지역문화의 잘못된 평가를 극복하기 위해서는 각 지역에 남아 전하는 전승자료를 지역민의 안목으로 충실히 정리·연구하는 작업이 필요하다. 우리가 별것 아닌 것으로 간주하는 지역의 독특한 관습이나 전승문화 속에는 지역문화의 특징들이 간직되어 있다. 따라서 지역문화의 특색을 설명할 이들 자료를 보존치 못할 경우 지역문화는 그 문화적 독창성이나 특성을 설명할 근거를 잃은 것이나 마찬가지이고, 그런 상태하에서 자긍심이나 자존심은 생겨날 수 없다. 지역문화 연구는 바로 이러한 잘못된 문화이해를 극복하고, 스스로의 문화적 자존심과 자신감을 찾고 깨우치며 가꾸어 나가는 작업인 것이다.

가장 유명한 설화 중의 하나가 바로 '아기장수 전설'이다. 내용은 많은 사람들이 잘 알고 있듯이 어느 날 아이가 태어났는데 아주 특별한 모습이었다고 한다. 겨드랑이에 비늘이 달리고 임금 王子가 몸에 새겨져 있었으며 우는 소리도 다른 아이들과 달랐다. 혼자 방안에 남겨두자 목침을 공중에 떠올려 날리는 등 도술을 부리는가 하면 알아듣지 못할 이상한 소리도 냈다.

마을 사람들은 이 아이가 문제를 일으켜 집안과 동네를 망하게 할 것이라 생각하고 마침내 아이를 죽이게 된다.

그런데 이 이야기는 사실성의 여부와 상관없이 해당 지역의 민중의식을 엿볼 수 있는 자료가 된다. 어느 마을에서는 똑같은 이야기를 전하면서 뒤에 그러지 말았어야 했는데 잘못하여 영웅 하나를 죽였다는 '아쉬움'을 표현하고, 또 다른 마을에서는 그때 요물을 잘 죽였다고 하기 때문이다. 같은 이야기를 놓고 이해하고 전승하는 시각이 어쩌면 이렇게 서로 정반대일까 신기하기도 하다. 비슷한 이야기로 오누이 내기 전설이 전국에 널리 퍼져 있다. 그런데 오누이가 성 쌓기 시합을 벌이는 이 이야기에도 어머니가 속임수로 아들이 이기게 하는 내용에 대한 평가가 긍정과 부정으로 나뉜다. 또 백제의 마지막 왕인 의자왕의 실정에 대하여도 연민의 정을 섞어 이야기하는 경우와 아주 망하는 것이 마땅하다는 듯이 이야기 하는 경우가 있다. 바로 그것이 사실과 무관하게 알려지고 전승된 그 지역민의 의식인 것이다.

다음에 소개하는 고려시대의 백제계 석탑들도 그러한 예이지만, 밀양의 아랑 전설에서 보듯 억울하게 죽은 처녀귀신이 신임 사또를 찾아가 원한을 푸는 이야기가 여러 지역에 전해진다. 참으로 재미있는 이야기라고 생각하겠지만, 이것을 이 글에서 다루고 있는 지역세력과 중앙세력을 염두에 두고 재해석하면 아주 흥미로운 사실이 그 저변에 깔려 있음을 알 수가 있다. 즉 '신임 사또와 처녀귀신'으로 형상화된 이 전설은 토착세력인 향리층과 중앙세력의 대변자인 수령의 '힘 겨루기' 양상을 전해 주고 있다. 이 이야기에서는 새로 부임한 사또가 귀신을 만나 계속 죽어 나가자 수령들이 부임하기를 꺼리면서 공석이 장기화된다. 이에 어떤 배포 큰 사또가 자원하여 와서 민원을 해결하고 원한을 풀어 주자 그 이후로 다시는 그런 일이 없었다는 것이 이 이야기의 골격이다.

참으로 대단한 사또이고 결국 죄를 지은 사람은 벌을 받는다는 정도로 이 해하면 이 이야기는 그저 재미난 이야기일 수 있다. 그러나 만약에 사또가 토착세력에 의하여 계속 죽임을 당한 것이라면 어떨까? 사실 귀신을 만나면 놀라서 기절하는 것이 보통이지 죽지는 않는다. 그리고 한두 번 그런 일이 있으면 당연히 대비하여 응급구조라도 하였을 것인데 왜 그렇게 된 것일까. 분명 다른 이유가 있다고 보아야 한다. 사또가 계속 부임하지 않아 공백이 생기면 좋은 것은 지역의 토호세력이다. 중앙 통제의 대행자인 수령이 부임 하지 않던 고려시대에 비하여 불편함을 느낀 향리층에 의하여 만들어진 이 야기일 수도 있다는 것이다. 사실 대개 그러한 이야기가 전해지는 지역을 보면 토착세력과 향리들의 활동이 강한 지역이었는데 이런 점도 결코 우연 은 아닐 것이다.

안동과 밀양은 경상도의 대표 고을로 자존심을 경쟁하는 지역들이다. 그 런데 두 지역에서 서로를 평가하는 이야기가 자못 다르다. 똑같이 '소안동' 이라 하나, 안동 사람들이 이야기하는 소안동은 작을 小를 쓰는 작은 안동이 라는 뜻의 小安東이고, 밀양사람들이 이야기하는 소안동은 웃을 笑자를 써 서 안동을 우습게 본다는 뜻의 笑安東이었던 것이다. 지역민의 의식 속에는 이처럼 지역적 자긍심과 경쟁의식, 그리고 문화적 다양성과 정체성이 있었 고 그것이 여러 형태로 남아 전승되고 있는 것이다.

고려시대의 백제계 석탑과 지역세력

부여의 정림사지 석탑은 한국 석탑의 시원양식으로서 익산 미륵사지 석 탑과 함께 대표적인 석탑으로 손꼽는다. 이들은 모두 목조탑을 석탑으로 번 안했다고 할 만큼 석탑이면서도 목조탑의 정서를 간결하게 나타낸 탑으로 유명하다. 이러한 백제의 석탑 조영기술은 흔히 들어 왔던 석가탑의 전설이나, 신라의 황룡사 구층 목탑을 건립할 때 백제의 아비지가 초빙되었던 것, 그리고 일본의 사원건립에 백제의 기술자들이 파견된 역사적 사실에서 보듯 높은 수준의 기술과 전통을 지니고 있었다.

그런데 참으로 신기하게 통일신라시대도 아닌 고려시대에 이들 백제계 석탑의 전통을 계승한 탑들이 전국에 건립, 조영되었다. 백제계 석탑양식을 계승한 고려시대 석탑들은 백제의 옛 영토였던 충남, 전남북 지역에 넓게 분포되어 있는데, 백제의 고도였던 부여의 장하리 3층 석탑, 무량사 5층 석탑, 공주 계룡산 남매 탑, 그리고 백제의 제3왕도로 일컬어지는 익산에 있는 왕궁리 5층 석탑, 이 밖에도 서천 비인의 5층 석탑, 김제 귀신사 3층 석탑, 옥구 죽산리 3층 석탑, 정읍 은선리 3층 석탑, 정읍 장문리 5층 석탑, 남원 만복사지 5층 석탑, 담양 읍내리 5층 석탑, 곡성 가곡리 5층 석탑, 진도 금골산 5층 석탑, 강진 월남사지 모전석탑, 강진 금곡사 3층 석탑 등이 그러한 것들이다.

그러면 이처럼 백제 석탑의 양식을 이은 많은 석탑들이 고려시기에, 그것도 백제의 옛터에서 지속적으로 건립되었다는 것은 무엇을 말해 주는 것일까? 지금까지는 백제계 석탑들에 대하여 주로 구조와 양식에 초점을 둔 미술사적 관심만이 있어 왔다. 물론 그러한 연구경향도 필요하기는 하지만, 이를 석탑조영의 지방류파라고 해석하는 것은 어쩌면 그 시대 그 지역민들의 역사와 정신을 너무 홀대하는 것이 아닌가 싶다.

우리는 왜 고려시기에, 그 지역 사람들이, 백제의 옛 양식을 계승한 석탑을 만들었겠느냐 하는 역사문화적 배경들에 관심을 기울여야 한다. 즉 각 지역의 백제계 석탑들을 만든 지역세력의 존재와 성격을 살피고, 이를 통하여 우리는 백제문화나 역사의 진면을 감동적으로 이해할 수도 있다고 생각된다.

잘 알려져 있듯이 백제는 나당연합군의 기습을 받아 수많은 아쉬움을 남

고려시대에 조영된 백제계 석탑들. 부여 정림사지 석탑의 모습을 이은 석탑들이 고려시대 각 지역에서 만들어진다. 왜, 통일신라를 지난 고려시대에 백제 계통의 석탑양식이 다시 출현하는 것일까? 그리고 그 지역의 문화세력들은 과연 어떤 성격을 지니고 있었을까?

긴 채 멸망하였다. 그 후 격렬했던 백제의 부흥운동은 문화적 선진을 자부했던 백제민들로서 후진 신라에 의한 멸망에 대한 자존심 회복운동이었다. 이 실감 안 나는 멸망이 기정사실화되고 신라에 의한 차별대우가 현실적으로 나타나자 그러한 울분은 기회가 있을 때마다 새로운 모습으로 재현되었다. 이 같은 역사와 문화의 계승의식은 대개 유형의 유물 유적을 통하여 나타나기도 하고, 무형의 의식과 정신으로 잠재되어 오랜 역사성을 갖기도 한다. 우리가 흔히 '역사 혼'이라 하는 것들이 바로 그러한 역사의 궤적들이며,

이것이 현실적 필요를 배경으로 승화, 재현된다. 이런 점에서 백제의 경우도 예외는 아니었던 것이다.

다시 말하면 백제가 멸망하고 400~500여 년이 지난 시기에 백제 양식의 석탑을 조영한 것은 분명 이유와 배경이 있었던 것이고, 그 조영의 주체인 지역세력이 지닌 친백제계 성향을 반영한다고 볼 수도 있다.

강진 고려청자와 무신정권

단순한 미술사 유적으로 알려진 강진의 고려청자 유적지도 지역세력과 지역문화의 모습을 전해 준다. 다만 우리들이 그 실체를 보려고, 챙기려고 하지 않아서 그렇지 청자도요지는 강진지역 및 지역세력과 관련하여 많은 이야기를 우리에게 전해 주고 있다.

고려청자는 잘 알려져 있듯 인간이 이루어 낼 수 있는 최고의 경지에 도달한 신비의 색깔과 선의 아름다움, 그리고 섬세하고 세련된 문양의 완벽한 조화로 한국문화와 예술의 수준을 상징한다. 중국의 태평노인이 썼다는 〈수중금(袖中錦)〉이라는 책에서도 "천하에서 제일 귀하고 값진 것 중에서 고려의 청자와 건주의 차"가 언급된 바 있다. 또 청자의 예찬론자로 널리 알려진 일본인 우시야마 쇼쇼도 "누가 나에게 神에게 이르는 길이 무엇이냐 묻는다면 고려청자를 통해서라고 대답할 것"이라고까지 하였다. 그윽한 색깔과 청아함, 섬세하고 다양한 무늬의 아름다움은 천년이나 지난 오늘날의 우리에게까지도 그 신비스러운 아름다움과 예술적 감각을 공감하게 한다.

그런데 현전하는 고려청자 중에서 국보로 지정된 것의 대부분이 반도 남쪽 끝 강진 대구면의 도요지에서 제작된 것으로 추정되고 있다. 이처럼 자랑스럽고 신비에 가까운 고려청자가 어떠한 배경과 이유로 한반도의 서남쪽 끝 해안가, 별로 주목받지 못할 것 같은 전라도 강진 땅에서 최고의 수준

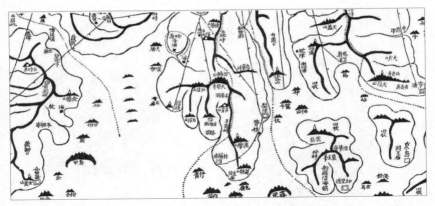

『대동여지도』의 강진 대구면 청자도요지 부근도. 이 서남해 바닷길은 중국과 일본으로 연결되는 문화 이동로로 청해진과 마량, 진도가 이 바닷길에 연해 있다.

으로 발달하였던 것일까?

　이 문제를 풀어 가기 위해서 우리는 먼저 전라도의 서남단을 경유하는 고대 해로의 역사지리적인 의미를 되돌아볼 필요가 있다. 주지하듯이 통일신라말 청해진의 장보고로 대표되는 전라도 해상세력은 한국과 중국, 일본의 3국을 연결하는 무역로를 장악하고 있었다. 이들이 이용한 바닷길은 한반도 서남부의 전라도 해안을 경유하게 되어 있었다. 역사상 이 바닷길은 통일신라 이후 고려시대와 거의 조선시대 말엽까지 인구와 물자, 그리고 문화의 전파로였다.

　마치 이 바닷길은 오늘날의 고속도로처럼 여러 가지 의미를 지니면서 이용되었고, 오히려 육로가 발달하지 못했던 시대일수록 상대적으로 그 중요성이 컸다. 장보고의 해상세력이 그 근거지를 완도의 청해진에 잡았던 것이나, 영산강·탐진강으로 연결된 이 해로가 나말여초 선종 승려들이 중국에 불법을 구하러 왕래하던 길목이었던 점, 후삼국의 쟁패를 다투던 왕건과 견

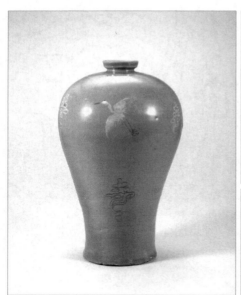

고려의 상감청자는 중국에 명성을 날렸던 고려 최고의 문화수출품이었다. 그 대표적인 생산지였던 강진의 도요지와 그곳에서 만들어진 청자. 그러나 그러한 문화를 만들었던 문화세력에 대하여는 아직도 상세히 밝혀지지 않고 있다.

훤이 이 바닷길을 장악하려고 마지막까지 다투었던 흔적들은 이 같은 중요성을 증명하는 예이다. 그뿐이 아니다. 삼별초가 여몽 연합군에 대항하는 기지로서 진도 용장성을 선택한 것, 조선 초기 해안의 방비를 위해 우수영과 병영을 이곳에 설치했던 것, 왜란 중에 충무공이 명량(울돌목)이라는 전략적인 요충을 배경으로 대승첩을 기록한 것 등도 따지고 보면 이곳을 경유하는 바닷길의 역사적인 의미를 되새기게 해주고 있다.

강진에서 청자가 발생하여 발달했던 것은 바로 이러한 지리적 조건과 배경이 있었기 때문이었다. 중국과의 잦은 문물교류, 특히 중국청자의 발상지라 할 수 있는 절강성 영파의 월주요 계통 청자는 지리적으로 첨단에 위치한 강진 땅에 보다 빠르게 유입되어 고려청자 발달의 밑거름을 마련할 수 있었던 것으로 보인다.

그러나 이 같은 지리적 조건만으로 청자가 발생·발달할 수 있었다고는 생각되지 않는다. 설령 지리적으로 이같이 유리한 조건이 마련되었다고 하더라도 청자의 발달을 가능하게 하는 또 다른 부수적인 조건들—예컨대 기술적인 기반, 청자제작의 자연조건, 이를 뒷받침하는 지방세력 등— 이 없었다면 그것은 불가능하였을 것으로 생각된다.

강진 대구면과 칠량면 일대가 청자제작과 관련하여 천혜의 조건을 갖추고 있다는 사실은 많은 사람들에 의하여 언급된 바 있다. 좋은 태토와 무궁무진한 화목, 더욱이 앞에서 지적한 해로와 관계되는 유통과정상의 유리한 조건 등이 그것이다. 그러나 여기서 우리는 이 같은 자연적인 조건과 함께 보다 근본적인 문제인 사람들의 이야기를 빼놓아서는 안 된다. 자연적인 조건을 활용하는 인간들의 의지가 더욱 중요한 문제일 것이기 때문이다.

그렇다면 고려시대에 강진에서의 청자발달을 주도하고, 또 이를 정치·사회·경제적 배경으로 활용하면서 성장한 사람(세력)들은 과연 누구였을까? 청자를 만들었던 사람들은 물론 이름 없는 장인들이었다. 혹여 현재의 예술인들보다 고려시대의 쟁이들이 더 좋은 대우를 받았다는 전제가 있다 해도 그들은 어차피 동원된 사람들이었다. 그런 점에서 별도의 목적을 지니고 이들을 동원하여 강진을 이른바 빛나는 고려청자의 발상지요, 대표적인 생산지로 만들었던 사람들은 따로 있었다고 생각된다. 그리고 그들은 다름 아닌 강진지역의 토착세력들이었을 것으로 보인다.

물론 현재로서 고려초기의 이들 강진지역 세력들이 구체적으로 어느 집단, 또 누구였는지는 밝히기가 어렵다. 매우 조심스러운 추측이기는 하지만 필자는 이들 세력이 통일신라시대 이래로 강진지역에서 성장해 왔던 토호

강진 고려청자 재현 가마
강진 대구면 일대의 고려청자는 오랜 전통
과 수준을 유지했던 곳으로 현재도 고려청
자의 재현을 위한 노력이 계속되고 있다.

집단으로서 백제 계통의 석탑양식을 계승한 월남사의 모전석탑(보물 298호)
과 금곡사 3층 석탑(보물 829호)을 건립한 세력일 가능성이 크다고 생각한다.
어떻게 이곳 강진 땅에서 그처럼 웅장하고 빼어난, 그것도 패망한 백제의 전
통양식을 보여 주는 탑들이 건립될 수 있었던 것일까? 그 문화적·경제적 기
반을 우리는 청자 이외의 어디에서도 찾을 수가 없다.

　그런데 흥미로운 사실은 강진의 고려청자가 각광을 받으며 발전을 이루
는 11세기 후반 이후 12세기 초반기에 이르면서 청자발달을 배경으로 한 이
들 토착세력의 관심은 단순한 경제적 의미보다도 중앙의 정치무대와 깊은
관련을 맺는다는 것이다. 강진이 고급청자의 주된 생산지로 자리를 굳히게
되면서 이를 주도했던 강진세력들은 중앙의 정치무대에 진출하는 디딤돌로
서 청자의 발달을 활용하고 있었다. 흡사 오늘날의 정경 유착과 유사한 형

강진 월남사지 모전석탑. 백제계 양식을 계승한 이 석탑의 조영 주체는 고려시대 강진 청자문화와 연결된다.

태로 강진의 청자와 그에 연결된 강진세력들은 정치적으로 부상하였고, 중앙의 정치세력들은 청자를 통해 경제적인 기반을 축적하는 상보적인 관계를 맺어 갔으니, 이 시기에 중앙정계에 괄목할 만큼 빠른 속도로 진출하는 탐진 최씨와 장흥 임씨·장흥 마씨들은 그 대표적인 토호세력이었다. 특히나 최씨 정권의 주요한 물적 기반이 해안지방에 있었다는 것과 연관하여 보면, 강진의 청자도 그 중요한 기반이었음을 충분히 유추할 수 있다.

강진 청자가 황금기를 구가하던 시기에 강진의 무위사와 월남사를 중심으로 하는 불교세력은 승주의 송광사 불교세력과 함께 쌍벽을 이루게 된다. 이 또한 최씨 정권과 무관하지 않다. 무신정권기에 문명을 날린 이규보

(1168~1241)와 최자(1188~1260)가 지은 월남사 진각국사비(보물 313호)에는 진각국사의 제자로 최이·최항 등 최씨 정권의 핵심인물들의 이름이 보인다. 월남사가 최씨 정권의 중심인물과 관련된 이유는 무엇이며, 어떻게 그들의 비호와 지원 속에 융성한 발전을 이룰 수가 있었을까? 이 점도 최씨 정권과 강진과의 상관성을 보여 주는 부분이며, 역시 청자라는 또 다른 인연이 그 속에 숨겨져 있는 것은 아닐까?

역사 속에서 우리가 찾을 것은 무수하게 많다. 그러나 역사의 흔적들을 그 유형적인 모습만으로 이해하는 것은 올바른, 총체적 역사인식과는 거리가 있다. 행간에 쓰여진 사실을 유추하고 재해석하는 자세, 혹은 그러한 노력이 부단히 기울여질 때 역사는 오늘날의 우리에게 바른 모습으로 다가올 것이다.

4. 문화유산들이 말하는 지역 이야기

이러한 지역세력들과 함께 지역문화는 지역적 독자성과 다양성을 창출하면서 발전하였고, 우리는 많은 문화유산을 통하여 그러한 예들을 느끼고 감상할 수 있다. 그리고 간과하지 말아야 할 것은 유적들이 '있을 만한 위치'에 '목적에 맞게' 생성되고 남아 있으며 그 주체가 바로 지역세력, 지역민이었다는 점이다. 그 유적의 성격이 문화적이든, 군사적이든, 행정적이든, 인물자료이든 그것은 마찬가지이다.

문화유적에서 "귀신 만나기"

지역의 문화유산을 조사하거나 탐방할 때 나는 수많은 귀신들이 유적의 곁에서 우리를 맞이하고 있다는 농담을 하곤 한다. 농담이라고는 하나 사실 나는 그러한 마음으로 문화유산을 대하는 자세가 꼭 필요하다고 생각한다. 무슨 이야기냐 하면, 우리는 문화유적을 찾아갈 때 보통 유적의 역사와 미술 사적 외형을 설명하는 것으로 임무를 다한 것으로 생각한다.

그러나 내가 "귀신을 만나야 한다"라고 말하는 것은 그 유적과 관련된 과 거 역사 속의 인물들이 우리를 기다린다고 생각하자는 것이다. 그들은 우리 들에게 자신들의 역할을 설명해 주고 싶어서 귀신처럼 대기하고 있으며, 그 런 의식을 가지고 유적을 본다면 더 많은 의미와 가치, 역사를 챙길 수가 있 다. 예컨대 유적을 만들자고 주장한 사람들, 실제로 설계하고 만든 사람들, 유적의 기능을 제대로 살리기 위해 지속적 노력을 기울인 사람들, 중수한 사 람들, 해당 유적을 탐방하고 기행문이나 시문을 남긴 사람들 등 우리에게 수 많은 이야깃거리를 제공할 관련 인물들이 우리를 기다리고 있다고 보면 좋 겠다는 말이다. 그럴 때 문화유산은 우리와 더 많은 대화를 하게 되고, 결과 적으로 우리는 숨겨진 이야기들을 더 많이 찾아낼 수 있을 것이다.

문화유적을 대할 때 우리가 주목할 점들을 간략히 몇 가지로 나누어 살펴 보자. 첫째로는 지리적 특성과 배경에 주목하여야 하는데 이는 문화유적이 위치한 지리적 특성, 배경에 주목하는 자세를 말한다. 예컨대 백제의 왕도 로 선택되었던 공주의 역사는 차령·금강, 그리고 계룡산이라는 문화지리를 떠나서 생각하기 힘들고, 전라도 진도의 울돌목이나 강화도의 손돌목도 그 런 점에서는 마찬가지일 것이다. 이러한 지리적 배경은 문화상의 특성을 결 정한다거나 분포상, 문화비교의 관점을 가질 때 더욱 중요한 의미를 지니게 된다.

둘째로는 유적이 없거나 보이지 않는 경우에도 역사를 유추하려는 자세 가 필요하다. 앞에서도 언급하였듯이 나는 이를 '눈을 감고 보기'라고 표현하는데 눈을 크게 떠도 안 보일 역사를 눈을 감고 본다면 문제가 있다고 생각할 수도 있으나, 눈에 보이는 것만으로 역사를 다 보았다고 한다면 그것은 반신불수의 역사일 가능성이 크다. 역사적 사건의 현장은 결코 옛 모습 그대로 남아 있지 않다. 그렇다고 역사적 의미가 없다거나 유적이 아닌 것이 결코 아니며, 다만 문제의식을 가진다면, 또 역사의 진실에 접근하기 위한 진솔한 자세를 갖춘다면 눈을 감고 이 모든 것을 챙기고 생각하는 것이 가능할 것이다. 특히 민중생활사의 생생한 현장인 시장, 도로, 포구, 혹은 무형의 문화유산 같은 경우들은 오히려 눈을 감고 보아야 제 모습이 떠오를 대상들이다.

셋째로는 유적의 전체 구조, 성격을 이해하는 것이다. 문화유적 하나하나 혹은 특정 부면에 현혹되지 말고 유적의 전체적인 틀을 이해하려고 노력해야 한다. 문화유적은 유형과 성격에 따라 그 종류가 매우 다양하며, 각각의 특성과 흐름이 있다. 예컨대 유형별로 본다면 고고학 유적과 미술사 유적, 역사유적, 민속·생활사 유적 외에도 인물, 사상, 정신, 예술에 이르기까지 수많은 분야가 있고, 이들은 시대별로 집중도도 다르다. 그런가 하면 문화주체별로 이해의 시각과 평가가 달라질 수도 있다. 예컨대 농민과 피지배 민중의 문화와 지배층 중심의 문화, 생활문화와 예술문화, 불교·유교·무속·기독교 문화, 농촌·어촌·산촌 문화 등이 바로 그러한 것들이다.

이러한 유적들마다 성격, 시대별 요점과 핵심이 있으며, 이를 전체적으로 파악해야 한다. 예를 들면 향교·서원·종가 같은 유교문화유적이 단순한 건축물로 보여 관심이 구조와 특징에 국한되는 경향이 있다. 물론 이러한 이해도 필요하지만, 향교나 서원은 건축물로서의 의미보다는 교육, 의례, 정치, 문화의 집회소로서 사람의 숨소리를 느낄 수 있어야 한다. 종가 같은 경우도 생활문화 공간으로서 종부의 삶이나 종가문서와 유물, 인물의 설화나 사상, 전설, 음식 등 수없이 다양한 문화유산을 동시에 간직한 곳이다.

현재는 흩어진 유물 파편
들과 옛터만 흔적으로 남
아 있는 유적지들. 이들은
당대의 지역 역사와 문화
변천, 지역세력의 실체를
말해 주는 증거물이다.

유형별: – 고고학 유적과 유물

– 미술사 유적과 유물

– 역사유적과 유물

– 기록유적(고문서, 금석문, 문집)

– 민속 · 생활사 유적과 유물

– 구전(구비) 자료와 유적

– 사상사, 정신사, 예술사(음악 · 미술)

시대별: – 선사–마한 : 고고학, 주거지, 고분, 성터, 유물산포지

– 삼국–통일신라 : 성터, 불교, 고분, 영역, 사건사

– 고려 : 불교, 인물, 제도, 유적

– 조선(전/중/후기) : 사회경제, 유교, 인물 사상, 민속, 구전

– 근 · 현대 : 사회경제, 인물

주체별: – 농민과 피지배 민중의 문화 ; 지배층 중심의 고급(?) 문화

– 생활 문화 ; 예술 문화

– 불교; 유교 ; 무속 문화 등등

- 중앙문화 ; 지역문화
- 지리(농촌 ; 어촌 ; 산촌) 문화
- 군현 단위의 문화 ; 마을 단위의 문화

넷째는 시대적 변천과 특징을 이해하려고 노력해야 한다는 점이다. 대개의 문화유적에는 시대를 알려 주는 안내판이 있지만, 왜 그 시대에 이런 모습의 유적이 나타나는지에 대한 이해가 반드시 수반되어야 한다. 백제의 미소로 유명한 서산의 운산 마애삼존불의 미소는 왜 통일신라시대 석굴암의 본존불에서 보는 근엄함과 차이가 있는지, 백제 계통의 석탑 양식들이 왜 시대를 뛰어넘어 400여 년이 지난 고려시기에 또다시 조성되는지 등등 그 이유와 배경에 대한 역사적 설명이 이루어져야 문화 변천의 흐름을 생동감 있게 이해할 수 있다.

마지막으로 우리는 현재적 의미를 되새겨 보고 평가하는 자세를 지녀야 한다. 역사 사실은 분명 하나이지만, 그에 대한 평가는 시대에 따라 변하기도 한다. 그렇다면 과연 과거 문화유적에 대한 현재 우리의 평가는 어떤 것이어야 할까? 그 평가와 가치를 알려고 우리는 답사를 다니는 것이 아니던가. 따라서 이 질문에 우리는 답을 준비해야만 한다. 비유한다면 곳곳의 문화유적과 유물들은 우리에게 계속하여 그러한 결정의 기준과 메시지를 던져 주고 있는 것이며, 과거 그 유적을 만든 선인들은 우리에게 자신들의 입장과 당시 상황을 유적을 통하여 알게 해 주고, 그것을 토대로 앞길을 개척하기를 기대하고 있는 것이다.

오해와 편견, 그리고 재해석—천관산 기우제

전남 장흥의 관산이라는 곳에 가면 천관산이라는 명산이 있다. 주변 경관이 매우 수려할 뿐만 아니라, 옛부터 하늘 아래 으뜸가는 명산으로 불리어 왔던 산이다. 30여 년 전 나는 이 천관산의 동쪽 산기슭에 자리 잡은 장천재라고 하는 장흥 위씨들의 재실을 답사했다. 마침 장흥 위씨들의 재실인 장천재에는 마을의 할아버지들이 계셨는데, 어쩌다 천관산의 기우제에 관한 이야기를 듣게 되었다.

그런데 이 마을에서 기우제를 올릴 때에는 제물로 개를 잡아 바친다는 것이었다. 대체로 기우제나 산신제 등의 제의는 매우 신성스러운 것이어서 부정 타는 요소가 개재되면, 제사를 중단하거나 연기하는 것이 일반적이며, 제물로는 돼지나 소의 머리가 오르게 되어 있다. 이러한 일반적 상식으로 볼 때 부정 타는 개고기를 제물로 올리는 이 마을 기우제의 관행은 정말 이해하기가 어려웠다. 그래도 좀 아는 척을 한답시고, 아니 좀 더 직설적으로 말하면 교수의 폭넓은 지식을 자랑하면서 천관산 아래 마을 사람들의 무지와 비상식을 평하게 되었다. 그야말로 서울의 지식과 기준으로 시골의 문화를 비하하며 상대하고 있었던 셈이다.

이 마을 사람들은 개고기가 부정 타는 고기인 줄은 모르는 듯싶었다. 그러니까 신성한 기우제에 개고기를 제수로 쓰는 것이겠지. 그렇다면 늦었지만 그 사실을 가르쳐 주는 것이 '아는 자의 당연한 도리(?)'라고 생각되었다. 나는 점잖게 어른들께 물어 보았다. 혹시 개고기가 부정 타는 고기인 것은 아느냐. 그러나 그들의 대답은 나의 예상을 비켜나갔다. "이 사람아 개고기가 부정 타는 것을 모르는 사람이 어디 있어!"였다.

그분들은 개고기가 부정 타는 고기인 줄을 너무나도 잘 알면서 제물로 바치고 있었던 것이었다. 그리고는 반대로 할아버지 한 분께서는 젊은 사람이 교수라고 해서 좀 똑똑한 줄 알았더니 형편없다는 표정으로, 이 마을의 기우제에 대하여 설명하셨다. 할아버지의 이야기를 듣고서야 안 일이지만 개고

지역마다 독특한 생활문화 전통이 전승된다. 다른 지역과 달리 개고기로 기우제를 드리는 장흥 천관산. 왜 그들은 개고기로 기우제를 지냈을까?

기를 제물로 바치는 이유는 대개 이러한 것이었다.

천관산은 하느님(옥황상제)도 아끼는 산이어서 항상 천관산이 잘 있는지를 살피는 처지이며, 이 귀하고 정결한 산에 부정한 개의 피를 발라 놓으면, 하느님이 먼저 안달이 나서 더러운 피를 씻고자 비를 내려 주지 않고는 못 견딘다는 것이었다. 더 재미있는 것은 혹여 성질이 급한 하느님이면 굵은 호스로 장대비를 내려 그것을 닦을 것이고, 좀 점잖은 하느님이라면 선녀들을 시켜 걸레를 들고 와 닦듯이 보슬비를 내릴 것이라면서, 가능하다면 성질 급한 하느님이길 기대한다고 농담까지 하셨다. 순간 나는 나의 성급한 선입관(상식)과 장흥 촌로들의 기막힌 지혜를 비교해 볼 수 있었고, 이것이 바로 지역문화가 갖는 개성과 특수성이라는 점을 깨우쳤다. 그리고 비가 오지 않으면 이들은 다음 단계의 기우제를 지냈다. 하느님이 바빠서 개의 피가 묻은 것을 못 본 모양이라 이번에는 청솔가지를 태워 뽀얀 연기를 피우는데, 여기

남근을 바치는 동해안 해신당의 모습. 풍랑을 막기 위해 온갖 정성을 다하는 해안지역 마을민들의 신앙을 다른 지역의 다른 시각으로 평가하면 안 된다.

에도 역시 하느님이 보고 비를 내리게 하려는 계산이 깔려 있었던 것이다.

동해안에는 해신당이 매우 많다. 동해안의 어부들에게 고기잡이와 관련하여 바다와 풍랑은 가장 중요한 자연이자 안전을 비는 기원의 요체였다. 그런데 해신당의 신체는 대개가 처녀신으로, 제단의 중심에는 남근이 경건하게 모셔져 있는 경우를 많이 보게 된다. 이를 보는 시각은 극과 극일 것이다. 하나는 이 처녀 신이 바람과 풍랑을 막아 주도록 정성을 다한다는 문화의 의미로 보는 것이고, 다른 하나는 참으로 기괴하고 한심한 풍속을 지닌 어촌 사람들이라고 창피해 하는 것이 그것이다. 이 마을에 전해 내려오는 이야기를 소개하면, 미역을 따며 살아가던 처녀가 있었는데 하루는 건장하고 잘생긴 젊은 사공이 처녀를 배에 태우고 바다에 실어다 주었다고 한다. 젊은 사공은 한낮에 다시 와서 태워다 주겠다고 하였으나 약속을 잊어버렸다. 처녀는 기다리다 지쳐 심한 파도에 휩쓸려 죽고 말았다고 한다. 이후 마을에는 고기가 전혀 잡히지 않는 변고가 생겼고 마을 사람들은 처녀의 원혼이 젊은 사공들을 잡아간다고 확신하여 더욱 정성을 쏟아 치성을 올렸지만 여전히 고기도 잡히지 않고 해난사고는 계속 일어났다. 어느 날 화가 치민 한 청년이 술에 취해 이 해신당에 들어가서 제단을 부수고 소변을 보았는데 그 후 고기도 잘 잡히고 해난사고도 없어졌다. 마을 사람들은 죽은 처녀가 남자를 그리워한다는 것을 알고 이후부터 남근을 깎아 걸어 놓고 치성을 드리게 되었다고 전한다. 오랜 전통을 가진 이러한 문화가 나타나게 된 배경을 알고 보는 경우와, 그냥 현재의 내 판단과 가치관으로 다른 문화를 보이는 대로 혹평하는 것은 매우 다르다.

흔히 문화의 보편성과 특수성이라는 비교를 많이 하고 있고, 또 듣기 좋은 말로 "보편성의 토대 위에서 특수성이 발견되어야 한다"고 하지만, 정작 문화의 이러한 특수한 성격이 밝혀지지 않고는 문화를 올바로 이해할 수 없으며 또 비단 천관산의 기우제나 동해안의 해신당만이 아니라 더 특수한 모습들이 곳곳에 수도 없이 많을 것이다.

서산 마애삼존불, 석굴암, 마을 앞의 돌미륵

서산의 백제 마애삼존불상은 촌스러우면서도 정이 담긴 미소로 독특한 매력을 지녀 백제의 미소라 불리는 불상이다. 처음 이 불상을 발견할 때의 일화는 정말 재미있다. 당시 이 지역을 조사하던 황수영 교수와 정영호 교수는 부근의 시골 식당에서 점심을 먹고 있었는데, 서울에서 온 학자들이라고 하니까 한 나무꾼이 궁금한 것을 물어 보겠다고 말을 걸어왔단다. 그의 질문인즉 "부처님도 첩을 두고 있었느냐?"는 것이었다고 한다. 물론 농담을 섞은 것이겠지만, 학자들에게 물을 질문으로는 너무 황당한 것이 아닐 수 없다. 물론 이에 대하여 속으로는 기분이 별로이지만, 같이 웃으며 "저도 잘 모르겠습니다. 왜 그렇게 생각하세요" 하는 정도가 점잖은 학자의 응답일 수 있을 것이다.

그런데 당시 정영호 선생은, 나무꾼의 이야기는 부처님과 두 여인이 함께 있는 모습으로 말도 안 되는 우스갯소리였으나, 대부분의 경우 본존불상이 한 분만 있는 일반적인 예와는 다른 특별한 유적, 즉 삼존불상이 있을지도 모른다는 생각을 하였다고 한다. 그리고 바로 그 나무꾼과 함께 계곡을 찾아 올라가 저 유명한 백제 마애삼존불을 발견하는 쾌거를 이루었던 것이다. 그것이 바로 오랜 시간에 걸친 다양한 불상 조사 경험의 노하우이며, 존경해 마지않을 정영호 선생의 자료조사의 감각, 방법이라고 생각한다.

그런데 이와 관련하여 필자는 좀 더 다른 이야기를 해보고자 한다. 이 마애삼존불상은 참으로 촌스러울 정도로 인간미가 있고 다정다감하다. 그런데 우리가 한국의 미술문화를 이야기할 때 빠트리지 않는 불국사의 석굴암 본존불을 보자. 경건하고 자애스럽고 정말 한 치의 거스름도 용납하지 않는 문화예술 조형의 극치인 석굴암 본존불을 우리는 멀리서 경원하면서 바라본다. 서산의 백제마애삼존불은 옆에 앉거나 기대어서 이야기를 할 수도 있을 것같이 보인다. 그러나 이에 비하여 석굴암 부처님은 눈을 감고 계시는데도 왠지 몸조심하며 경건함을 갖추어야 할 것 같고, 우리 같은 민초들은 감히 상대하기 어려운 귀한 분으로 의식된다.

왜 그런 것일까? 이유는 수도 없이 많을 것이며, 사실 여기서 그 이유가 무엇인지를 따지고 싶지는 않다. 그러나 분명한 것은 백제의 마애삼존불을 보는 사람과, 석굴암의 본존불을 보는 사람들이 모두 앞에 든 예시처럼 둘로 갈라져 있지는 않다는 점이고, 또 만약 그런 차이가 있었다면 그것은 이들 문화유산을 바라보는 사람들이 민중의 시선으로 보았느냐, 아니면 고급문화와 예술을 바라보는 시선으로 보았느냐에 따라 다를 수도 있다는 것이다. 더 나아가 생각해 보면 이는 초기 불교 수용기의 마애삼존불과, 융성기 황금기의 불교문화가 지닌 시대분위기를 반영한다고도 할 수 있을 것이다.

백제의 미소로 유명한 서산 마애삼존불과 석굴암 본존불, 그리고 마을입구의 돌미륵. 같은 불상인데도 형태나 느낌은 각각 다르다. 시대가 다르고, 조성주체가 다르고, 문화의 의미가 변하면서 나타난 현상이다.

　　좀 더 이야기를 진전시켜 보자. 이러한 귀족불교, 왕실불교와 달리 불교의 대중화가 이루어지면서 조선시대에는 마을의 미륵으로 모셔지는 부처님들도 보인다. 어떻게 보면 그 예술적, 불교사상적 수준 차이는 하늘과 땅이고, 비교하는 것 자체가 가치 없다고 할지 모른다. 그러나 여기서 우리가 주목하고 이야기할 것은 결코 그렇지 않다. 오히려 풀뿌리 민중의 기원이 담긴 이들 마을 미륵의 모습은 예술적 존재이기보다 민중과 함께한 진정한 구세주이고 하느님이자 같은 편의 수호신이었다. 그것이 불교적이건 무속적이건 문제가 되지는 않는다. 마을 미륵이 조성되는 배경이나 시대, 기원하는 마을민의 문화 모습을 상기하지 않은 채 조성 양식이나 규모, 예술성으로 가치를 평가하는 것은 문제가 있다는 것이다. 사실 이 세 가지 불상을 비교하면서 우리는 '지역성'과 '시대성', 그리고 '문화주체의 의식'에 대한 생각들을 다시 해보아야 하고 그것을 주목하는 것이 바로 지역문화, 생활문화사라고 할 수도 있을 터이다.

지역 지성의 거점, 문화자료관 '서원'에서 챙길 것들

조선시대 서원은 당파의 소굴, 경제적 특권과 민중수탈, 문중경쟁의 도구 등으로 혹평되는 문화유산이다. 그러나 서원은 사실 지역 지성사의 측면, 교육과 제향의 측면에서 조선시대의 사족문화를 대표하는 품격 높은 문화유산이다. 서원은 저명한 성리학자를 추숭하고 제향하는 공간이자 지역의 고급 인재들이 모여서 교류하고 접촉했던, 지성사적 전통과 정신문화적 유서가 서려 있는 곳이었다. 젊은 인재들과 그들의 선배들은 일방적 지식 전수 교육이 아닌 강론과 토론을 벌였고, 때로는 현실 비판의 여론과 공론을 결집하는 정치적 집회소이기도 하였다.

즉 서원은 조선시대 지역 선비의 학문성, 도덕적 실천성, 개성을 보여 주며, 유·무형의 다양한 문화유산들(역사, 교육, 제향의례, 건축, 기록, 경관 등)이 남아 있는 곳이다. 또한 도서 출판, 문화예술, 정치 등 복합적인 문화사가 이루어졌던 거점이었다.

서원을 제향처로만 이해하는 사람이 많으나, 이는 단순 제사의 기능이 아니었다. 서원은 가치와 이념을 공유하는 지성들이 멘토(Mentor)로 삼는 선현, 학자들을 모시면서 그 학문과 사상을 이어받고 실현하는 장소였으며, 강학과 제향의 의례는 물론 향사례·향음주례, 향약의 실시, 강회와 시회 등 서원은 여러 형태의 생활의례들을 보급하는 사회교육의 실현처이기도 했다.

논산 돈암서원 응도당의 강학 모습. 과거 지역의 지성들이 모여 활동하던 문화거점이던 서원이 현대에도 올바로 계승되어야 한다.

조선시대 서원은 각기 독특한 교육 방식과 운영 모습을 지녔으며, 이를 증빙하는 당시의 학적부라든가, 학칙, 재정, 인적 구조, 교육 과정, 도서 등 고문서 자료들이 남아 있다. 또한 서원은 강학 도구로서 각종 교과용 도서나 사전류, 주요 저술이나 각 시기의 대표적 출판물들이 소장된 도서관이면서, 동시에 제향인물이나 그의 학맥을 잇는 인사들의 문집류, 저술들이 출판되기도 한 곳이다. 이렇게 보면 조선시대 서원은 도서관이자 출판소였고, 다양한 자료 전시관이었던 것이다.

유교문화는 다른 문화와 달리 인물과 사상, 정신, 학문, 그리고 가치관을 중시하는 문화이다. 서원은 건축물이 중요한 것이 아니라 그곳에서 살고 생활했던 사람과 그들의 정신이 핵심이다. 따라서 앞으로 우리가 주목하고 개

서원의 제향의례는 단순한 제사가 아니다. 당대의 지성들이 멘토로 삼던 스승과 선배에 대해 공경과
문화계승의 의지를 보여 주는 의례였다.

발할 향교 서원 문화의 대상·범위·유형도 유교적 인물의 사상, 저술을 비
롯하여 조선시대의 교육, 제례, 경제, 생활문화, 유적, 유물 등이 망라되는
종합적인 것이어야 한다.

이처럼 서원은 조선 후기 지역문화의 보고이자, 지역 지성들의 문화가 결
집된 곳이었다. 이를 염두에 둔다면 서원이 당쟁의 소굴이니, 탐학의 주체
니 하는 부정적, 일방적 평가를 벗어나 조선후기 지역의 학문과 교육, 지성
사의 거점이자 문화자료관이었음을 바로 볼 수 있을 것이다. 그럴 때 서원
은 지역사와 지역문화의 복원, 재조명을 목표로 하는 우리에게 있어서 아주
귀중한 자료원이자 조사 연구의 대상이 되어 줄 것이다.

사실 오늘날의 식자층 중 많은 사람들이 유교문화를 부정적으로 평가하

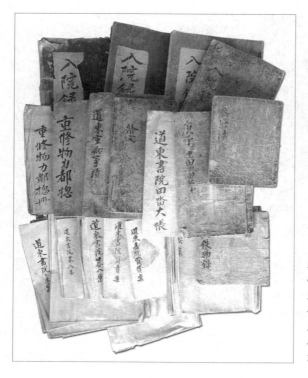

서원에는 다양한 문서들이 남아 있다. 사진은 대구 달성의 도동서원 소장 문서들로 이 중에 교육과 강학자료, 인물교류의 모습, 서원의 변천과 사회경제적 실상들이 생생하게 전해 온다.

는 경향이 있다. 유교문화, 양반문화는 전근대적·보수적·공리공론이라든가 비실용적이며, 파벌을 조장한 장본인이라는 등 부정일변도이며, 그래서 결국 유교문화는 극복 대상으로 간주되기도 한다.

이러한 부정적 인식이 생기게 된 이유는 대체로 두 가지 때문으로 보인다. 그 하나는 유교문화의 본질이나 긍정적 가치를 이해하려는 노력보다는, 문제점을 확대시킨 '유교·성리학 비판론'에 익숙하기 때문이다. 즉 유교망국론을 주장한 일제의 식민사관이라든가, 조선후기 실학의 성리학 비판, 그리고 서구 사조의 유입에 따른 전근대성 강조 등이 바로 그러한 것들이다. 이들의 일방적 비판은 유교문화의 병폐를 실제 이상으로 과장한 측면이 있다.

다른 하나는 우리들이 주변에서 조선말기의 퇴화, 변형, 굴절된 유교문화의 모습들, 예컨대 19세기 이후 양반지도층의 무능과 변질된 모습, 나아가 현대의 가문 이기주의나 파쟁의 모습들을 보아 왔기 때문이다. 본질과 전체를 제대로 파악하지 않은 상태에서 말기적 병폐와 변질된 모습만을 보고 부정적으로 평가한 측면이 없지 않은 것이다.

그러나 이 기회에 우리가 다시 한 번 생각하여 보아야 할 점이 있다. 이들 사림들의 정신[선비정신]은 결코 보수적·관념적이라고 평가될 성질의 것이 아니었다. 그보다 오히려 개혁·혁신적이고 강경하여 보수진영의 강한 견제를 받았다는 점을 대개 간과한다. 만약 유교문화가 그렇게 부정적인 것이었다면, 조선시대를 대표하는 정신 사조로서 어떻게 500년을 지탱할 수 있었을까? 또 목숨을 초개같이 버리며 나라를 구하려던 충절의 행적이라든가, 도끼를 등에 지고 자신의 주장을 끝까지 관철하고자 했던 선비의 기개, 고고한 학문과 경륜, 그리고 도덕적 실천까지 겸비했던 저명한 선비들의 정신사·지성사를 왜 우리는 바로 보지 못하고 있는 것일까?

조선의 선비들은 어떤 의미에서 관념적 추상적이기보다는 현실개혁의 이론이자 실천가들이었다. 조선의 '양반-사족-선비'는 시대 지성으로서 특권세력의 사회경제적 독점에 반기를 들고, 향촌의 자율성을 추구하던 양심세력이었고, 그랬기 때문에 조선시대 수백 년이 양반 중심의 시대가 될 수 있었던 것이다. 만약 조선조의 선비정신에서 올바르게 본받고 배울 것이 있다면, 그것은 바로 오늘의 우리에게 부족하고 퇴색된 이러한 현실 비판과 개혁정신을 우선적으로 되찾는 일일 것이다.

우리가 잘못 인식하고 폄하해서 그렇지 조선시대는 누가 뭐래도 '지성과 도덕'이 존중된 사회였다. 그리고 〈양반=선비〉의 문화 수준, 지성적 수준은 엄밀하게 평가하여 현대 인문학의 수준보다 훨씬 높았다. 우선 방대한 문집의 양, 관심의 폭(문학, 철학, 역사, 경세학, 기타 종합과학), 학문 이외의 현실적 관심과 대응력과 더불어 도덕성과 실천력에 있어서도 현대 지식인들과는 비교가 되지 않을 만큼 명실상부한 실력 집단이었다.

선비(유교)문화는 과거에도 의미가 있었지만 오히려 학문토론, 사회교육, 비판과 실천 등이 강조되는 현대와 미래사회에 더욱 필요한 지성인의 핵심 덕목이다. 지성사와 도덕적 실천, 어른스러움의 대명사였던 조선의 선비문화가 자랑스럽게, 그리고 글로벌 사회에서 한국정신사의 고급브랜드로, 미래 경쟁력으로 되살려졌으면 싶다.

제 2 장

—

지역문화, 과연 어떻게 보아야 할까?

—

지역사는 지역민을 주체로 하는 문화사, 종합사, 생활사라 할 수 있다. 지역의 역사 문화와 그 지역적 특성을 종합적으로 설명하려면 무엇보다 '그 시대에, 그 지역에서, 그들만이 만들어 낼 수 있었던 특수한 내용'이 과연 무엇이었는지를 주목하여야 한다. 이 장에서는 바로 이러한 지역사와 지역문화의 정체성에 대하여 살펴보고, 지역문화를 올바로 바라보기 위해서는 과연 어떠한 노력과 관심들이 필요한지를 살펴보려고 한다. 그리고 대개 그것은 지역민 주체의 지역문화 이해, 시각과 평가 기준, 자료조사와 대상의 확대, 지역특성의 종합적 해석 등으로 나누어 요약할 수 있을 것이다.

지역사, 지역문화는 지역민들이 주인이자 주체인, 그들 자신의 이야기여야 한다. 그런 까닭으로 나는 지역문화를 제대로 보려면 무엇보다 먼저 지역에 대한 애정을 가지고, 충분한 자료 정리를 선행하여야 한다고 주장한다. 중앙중심의 시각에서 편찬된 기록을 재점검하는 일과 함께 쓰여지지 않은 지역관련 자료들을 찾아 정리하는 일, 그리고 문화의 지역별 특성을 상대성과 특수성의 측면에서 바라보는 자세가 필요하다. 그럴 때 중앙사의 시각에서 저급으로 평가된 올바른 지역문화의 특성도 발견할 수가 있고, 그 내용도 충실해지며, 이를 통해 지역민의 자부심과 긍지도 높아질 수 있다고 본다.

1. 지역사, 지역문화의 '정체성'

지역사, 지역문화 연구는 단순히 지역의 자료를 대상으로 하는 연구가 아니라 '지역민을 주체로 하는 문화사, 종합사, 생활사'이어야 한다. 지역사 연구는 지역의 역사상, 혹은 지역적 특성을 종합적으로 설명하려는 노력으로서, 무엇보다 '그 시대에, 그 지역에서, 그들만이 만들어 낼 수 있었던 특수한 내용'이 과연 무엇이었느냐에 관심을 기울여야 한다. 바로 그것이 지역사, 지역문화의 '정체성'이기 때문이다.

물론 이러한 특수성은 한국문화적 보편성의 기반 위에서 나타난 것이겠지만, 다른 지역의 문화와 해당 지역의 문화가 다른 점은 과연 무엇이며, 어떤 특성이 있는가, 또 왜 그런 특성이 생겨날 수 있었던가를 주목하여야 한다. 만약 이러한 지역문화 특성을 명확히 규명해 내지 못한다면 지역사 연구는 무엇인가 잘못된 것이거나 미흡한 것이라 할 수 있다.

시루떡 같은 지역사와 지역문화

나는 지역의 역사와 문화를 조사하고 연구하면서 지역사는 '마치 시루떡 같다'는 생각을 많이 하였다. 전문 연구자나 중앙의 연구자들은 지역의 문화들을 선사시대니 삼국시대니, 고려시대니, 조선시대니 하고 시기별로 나누어 보거나, 특별한 자신들의 연구분야인 고고학·미술사 유물·유적이나 역사적 인물·사건을 대상으로 연구하는 경향이 있다. 그러나 사실 이들 지역문화는 마치 하나의 시루에서 쪄진 시루떡처럼, 또는 곶감 꼬챙이처럼 켜켜이 쌓이고 줄줄이 엮여서 하나의 문화를 이루어 왔던 것이다.

예를 들어 백제의 고도 부여군에 가면 금강변에 임천면이라는 작은 지역이 있다. 옛 지명은 가림으로 원래는 군(郡)이 설치되었던 큰 지역이었는데 이 지역의 상징적인 문화유산이 바로 성흥산성이다. 이 산성은 백제시기에 축조된 것으로 국가 사적으로 지정되어 있다. 성흥산성은 부여 천도시기의 전략상 거점으로 이곳에 사냥 나왔던 동성왕이 반대세력에 의해 시해된 곳이고, 백제멸망기에는 백제부흥운동군이 주둔했던 역사의 현장이었다. 그러나 이곳의 역사는 이것으로 그치지 않는다. 나말여초 후백제군과 고려군이 금강 유역에서 쟁패를 겨룰 때 이곳은 고려 왕건의 심복인 유금필이 고려군을 이끌고 주둔했던 곳이기도 하였다. 그는 백제의 상징적 거점인 부여를 제압하기 위하여 파견된 진주군의 장수였으나 이곳에 주둔하면서 선정으로 민심을 얻고 고려시대 전 기간 동안 이 산의 성황신으로 모셔졌다. 그리고 이 지역은 고려시대에 부여현(扶餘縣)보다 큰 가림군(嘉林郡)으로서 위세를 떨쳤다.

켜켜이 쌓인 역사의 흔적들. 부여 임천의 성흥산성은 백제시대의 산성, 그리고 백제부흥운동, 나말여초 태사 유금필과 관련된 역사, 그리고 이 지역의 토착세력과 연결되는 대조사 석불, 그리고 조선시대에 유태사묘와 민간화된 성황사가 같은 지역에 겹쳐 있다.
(백제−고려시대 유적 성흥산성 / 유태사묘 / 유금필 영정 / 대조사 석불입상 / 조선후기 민간화한 성황사 / 성황사 목조상)

그뿐이 아니다. 이 성흥산성에 있는 대조사라는 고찰과 보물로 지정된 고려초기의 대형 석불도 유명하다. 대조사는 당시 주둔군 장수인 유금필을 도왔고 그 후 가림의 토호세력으로 성장한 가림 조씨 세력의 원찰이었다고 추정된다. 나는 그들이 정치적 파트너로 유금필을 성황신으로 만들고 그 모습을 석불로 형상화했을 가능성도 조심스럽게 점쳐 본다. 그런데 조선시대가 되면서 고려시대의 성황사류는 음사로 지목되면서 폐치되거나 명맥을 잃었다. 그러나 이곳의 성황신 유금필은 가림 조씨들에 의하여 가림군의 사우인 태사묘(太師廟)로 변모하면서 그 명맥을 유지한다. 고려시대 호장과 토착세력의 주도로 치러졌던 성황신 숭배가 이렇듯 조선전기에 발 빠르게 유교적인 사묘로 변모된 것은 다른 지역에서는 아주 보기 드문 사례이다. 이 역시 가림 조씨의 사족화 과정과 연계된 결과로 보인다. 그리고 고려의 유제였던 성황신 제사는 유교식 제의에 주도권을 빼앗기고 잠재, 전승되다가 조선후기에 민간신앙과 접목되면서 유태사묘 곁에 새롭게 성황당으로 건립되었다. 즉 가림 사람들은 조선후기에 유태사묘 바로 곁에 성황당을 민간 신앙으로 정착시켰고, 성흥산의 샘물을 먹으면 유금필 같은 장군을 낳는다는 장군샘이라든가, 인근 무속인들이 성황신의 기를 받아 가는 명소로 전승되기에 이르렀던 것이다. 현재는 마을 축제로 이러한 민간의식이 전승되고 있다.

이 성흥산성과 가림군의 역사를 통하여 독자들은 내가 왜 역사의 흔적들이 시루떡같이 켜켜이 쌓였다고 하는지, 또 꼬챙이처럼 이어져 오고 있다고 하는지를 이해할 수 있을 것이다. 하나로 연결된 이들 역사와 자료들을 연구자의 필요에 따라 분야별로 분리하거나, 추출하여 다른 역사와 끼워 맞추는 것은 지역사의 입장에서 매우 불편한 일일 수 있다.

그리고 지역의 성향이나 지역세력의 실체를 통해 같은 중앙의 지방 지배 방식 속에서 적절한 파트너가 되어 성장을 계속하는 지역과, 중앙의 절대 권력에 철저히 승복하여 기존의 지위를 유지한 지역, 그런가 하면 중앙세력에 강력하게 반발하다가 축소와 굴절의 역사를 경험한 지역도 많다.

이처럼 지역문화는 각기 독특한 지리적, 사회경제적 배경을 기반으로 하면서 발전하여 왔고, 지역민의 정서를 대변하면서 차곡차곡 쌓인 문화 양상들을 종합적 결과물로서 간직하고 있다. 즉 지역문화란 지역민들이 자신들의 역사 진행과정에서 선택하여 자기화한 '가치관'인 동시에 '문화특성'인 것이다.

생태와 지리가 오랜 특성을 남겨

둘째로 또 다른 시각에서 지역문화를 보자. 장맛만 보아도 그 집의 문화를 알 수 있다고 했듯이 사람마다 집마다 각기 다른 특성과 내음이 있다. 지역사나 지역문화에서 느낄 수 있는 문화적 정체성도 기본적으로 이와 다르지 않다고 생각한다.

문화와 역사는 인간이 환경에 적응하고 극복하는 과정에서 나타난 결과물이다. 한 지역의 문화가 성장·발전해 온 과정을 지역의 입장에서 정리하는 것이 지역사 연구의 목적이라 한다고 보았을 때 그 같은 문화가 생성되는 배경으로서 자연환경은 매우 큰 의미를 지닌다. 자연지리나 환경, 생태 등은 지역문화의 동질성과 특성을 지니게 한 요인이며, 지역민들이 같은 생활터전에서 동일한 역사적 경험을 통하여 적응, 도전, 극복하면서 선택한 자신들의 생존 방식이었다.

감나무 골이 감나무 골이라 불린 이유는 분명히 있고, 그것을 설명할 자료는 무수히 많다. 감나무와 관련된 이야기도 많을 것이고, 감나무를 이용한 다양한 생활 음식, 특산품도 있을 터이다. 감나무 골에서는 다른 마을과 달리 땡감과 홍시, 곶감은 물론이고 감잎 차와 장아찌, 그리고 식초와 염료

감나무 골이 감나무 골이라 불린 이유는 분명히 있고, 그것을 설명할 자료는 무수히 많다. 다른 마을과 달리 감잎 차와 장아찌, 그리고 식초와 염료까지 만들어 낸 오랜 전통과 지혜가 있었다.

까지 만들어 낸 지혜와 문화가 있었다. 그런가 하면 감에 얽힌 지명과 설화, 속담, 혹은 민요까지도 만들었다. 이것을 나는 '종합문화성'이라 부르고 싶다. 역사와 전혀 무관할 것 같은 시골 마을에도 이런 문화가 있는데, 지역에는 더욱더 흥미로운 주제와 대상들이 있을 것이다. 그래서 감나무 골은 배나무 골과도 다르며, 옹기 골과도 다른 '감나무 골'이라는 이름으로 수백 년 동안 불려 왔던 것이며, 그 이름에 걸맞은 문화를 간직하고 있다고 보아야 하는 것이다.

그런가 하면 도서지방의 섬마을과 평야지대의 농촌마을, 그리고 산촌마을의 민속신앙과 자연에 대한 인식은 큰 차이가 있다. 필자는 섬 지역을 조사하면서 보통 내륙에서 이야기하는 3재(三災)를 불, 물, 바람의 재해나, 난리 또는 역질, 기근과 같이 국가적 재난을 생각했는데 의외로 관재(官災)가 추가되는 경우를 보면서 매우 놀란 적이 있다. 이는 아마도 조선후기 계속된 관

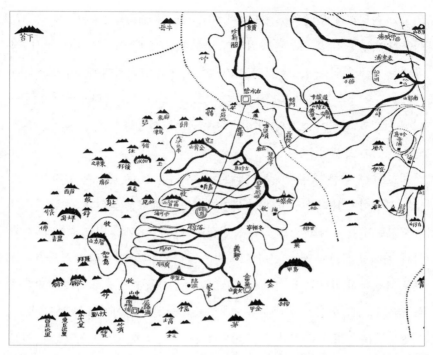

대동여지도 진도군 부근. 진도는 서남해안 해로의 요충이라는 역사지리적 특성으로 역사의 각 시대마다 중요한 역사적 사건들이 연이어 발생했던 지역이다.

리들의 섬 지역 침탈과 관련되어 만들어진 것이라고 생각된다. 그런가 하면 당산제의 상차림에 소금이 꼭 들어간다든가 산촌의 산신제에서 평야마을과는 비교도 안 될 만큼 금기사항이 매우 강했던 기억 등 생활환경에 따라 특이한 문화가 존재하였다. 마을의 성장과 지명의 변천사를 기록으로 알 수도 있으나, 마을의 분화와 변화 과정이 농악이나 두레, 당산제나 기우제, 서당이나 상여집의 분화에서 더욱 잘 드러난다는 사실을 아마 많은 연구자들은 잘 모를 것이다.

또 강화도나 진도, 제주도의 역사와 문화에서 보듯 특별한 지리적 환경이 역사를 다양하게 만들기도 한다. 예컨대 진도의 울돌목은 왜란 때 충무공 이순신의 명량 대첩으로 널리 알려진 곳이다. 그런데 이곳은 비단 임진-정유왜란 때에만 역사적으로 부각된 지역이 아니라 고려시대에는 삼별초군과 여몽연합군이 격돌했던 역사의 현장이었고, 더 고대로 올라가면 후삼국시대에 왕건과 견훤이 호남의 거점인 나주지역을 선점하기 위해 쟁패를 벌였던 옛터이기도 했다.

진도는 옛 이름 '옥주(沃州)'가 말해주듯 수려한 산세, 비옥한 토지와 풍요로운 물산이 내륙의 어느 곳에도 뒤지지 않는 보배로운 섬이다. 특히 해로의 요충지로서 한국 역사상 크고 작은 흔적들이 수없이 남아 있는 곳이고, 남해안과 서해안 문화가 서로 만나 교차되는 융합처이다. 이처럼 문화사적으로 매우 특징적인 이 지역은 진도 아리랑으로 대변되듯 다양하고 특이한 민속문화 역시 잘 전승되어 다양한 분야 연구자들의 발길이 끊이지 않는 보고이다.

진도군은 동쪽으로 해남군, 남쪽으로 완도군, 북쪽으로는 신안군과 인접하여 서남해의 섬과 섬, 그리고 내륙을 연결하는 중간 다리 역할을 한다. 특히 명량해협을 포함하여 한반도 서남부를 경유하는 이 해로는 고대사에서는 '중국-한반도-일본'을 연결한 국제문화의 주요 이동로였고, 고려시대와 조선시대에는 경상우도와 전라도의 세곡이 운반되던 조운로(漕運路)로서 그 역할을 하였다.

그러나 이 같은 지리적 조건은 다른 측면에서 진도민에게 특별한 역사적 경험을 하게 하였다. 크고 작은 전란에 항상 연관되어 전화를 입은 예나 때로는 도외의 수탈을 당하는 경우가 그것이다. 진도와 해남 사이를 가로지르는 명량해협은 역사상 고대에서부터 현재에 이르기까지 숱한 역사의 흔적들을 우리에게 남기고 있다. 즉 역사상 큰 변화가 있을 때마다 전략적으로 주요지역으로 부각되었다. 결국 진도의 역사가 이 명량해협이라는 지리적인 배경과 불가분의 관계에 있었음을 말해 준다.

통일신라 청해진대사 장보고의 해상세력도 '당-신라-왜'를 연결하는 고대무역로를 기반으로 성장하였고, 진도 명량해협은 바로 그 무역로가 통과하는 큰 길목이었다. 통일신라 말 고려의 왕건과 후백제의 견훤이 영산강 유역의 나주평야를 장악하기 위해 그 전초전이라 할 일전을 벌였던 곳도 바로 진도였다. 당시 왕건은 나주를 공격하기에 앞서서 진도와 고이도(현재의 신안군 압해면)를 선점하였으니 이는 다시 말할 것도 없이 이곳 명량해협을 지나는 해로를 장악하여 영산강의 출입로를 차단하겠다는 의지를 보여 주는 것이었다.

또 너무나도 잘 알려진 것처럼 삼별초가 몽고족의 침입에 항거하기 위해 진도 용장성을 거점으로 삼았던 것이나, 고려 말 왜구의 출몰로 진도 사람들이 고향을 버리고 80여 년간이나 영암(시종면)과 해남(삼산면) 땅에서 타향살이를 해야만 했던 일, 조선 초 해안의 방비를 위해 우수영과 병영을 이곳에 설치했던 것, 왜란 중에 충무공이 명량(울돌목)이라는 전략적인 요충을 배경으로 대승첩을 기록한 것 등도 따지고 보면 이곳을 경유하는 바닷길의 역사적인 의미를 되새기게 해 주고 있다.

점검, 평가된 실용의 생활문화

다음으로 지역문화는 전통적 생활문화를 정리함에 있어서 '문화의 기본 단위'이자 다양하고 실용적인 생활문화의 구현 장이다.

사실 중앙중심의 이해나 보편론에 의해 가치가 절하, 굴절되거나 올바른 이해가 차단되어서 그렇지 지역문화는 ① 다양성, 실용성, 상대성을 전제로 하는 문화이며, 동시에 ② 생생한 삶 자체의 문화로 그 의미가 독보적인 것이라 하겠다. 이들 지역의 문화 전통(문화적 동질성, 정체성, 특수성)들은 과거의

마을의 역사와 함께한 냇가의 징검다리. 그냥 그 자리에 아무 생각 없이 만들어졌던 것이 결코 아니다. 이 징검다리는 전통문화의 실용성과 지속성을 말해 주는 유산이다.

역사경험 속에서 충분히 '점검'되고 '평가'받으면서 살아남았던 경쟁력과 생명력 있는 가치들인 셈이다.

옛날에는 시골마을마다 징검다리, 노두(露頭)가 있었다. 마을 앞을 흐르는 개천을 건너다니기 위하여 만든 이 징검다리는 수십 개의 크고 작은 돌들을 징검다리로 이어 마을 사람들이 오래도록 이용하여 아주 맨들맨들했던 것으로 기억한다. 아마도 이 징검다리는 마을의 역사와 함께한 증인으로 200~300년은 족히 되었을 것으로 짐작된다. 그런데 이 다리가 잠수교라는 것을 아는 사람은 많지 않다. 잠수교는 홍수가 났을 때 방송을 통해 그 모습을 보았듯이 서울에만 있는 줄로 알지만 이 징검다리도 홍수가 나면 물에 잠기게 된다.

그런데 우리가 궁금한 것은 홍수로 물이 넘쳤을 때, 징검다리가 잠수교가

된 이후 과연 수십 개 중 몇 개의 돌덩이가 물에 떠내려갔을까라는 것이다. 대부분의 사람들은 시골사람들이 적당히 놓은 것이므로 아마 반수 이상이 떠내려갔을 것이라고 생각하지만 실제로 그렇지 않다. 홍수 때마다 징검다리가 무너지고 다 떠내려갔다면 마을 사람들은 홍수 이후 매번 다리를 고쳐 놓아야 했을 것이고, 그것이 사실이라면 사람들은 고마운 다리라는 생각보다 불편하고 일감 만드는 다리라고 생각했을 것이다.

실제로 떠내려가는 돌덩이가 그렇게 많지 않았다. 많아야 10개 내외였다. 그랬기에 그곳에 그런 모습으로 200년 이상 유지·존속되었던 것이다. 전통 생활문화는 이 징검다리와 같다. 오랜 생활경험에서 얻어진 실용성과 효율성을 바탕으로 지속된 것이 전통인 것이다. 추측하건대 이 마을의 징검다리는 처음에는 다른 곳에 놓였을 수도 있다. 그리고 몇 차례에 걸쳐 홍수 후의 재건 문제로 의견 충돌도 있었을 것이다. 결국 그런 논란과 실용성 검토 이후 가장 안전하고 가깝고 덜 떠내려가는 그 자리에 그 모습으로 만들어져 200여 년간 유지·존속되었던 것이다.

그뿐이 아니다. 이 징검다리는 마을의 역사와 하나로 연결되어 있는 문화의 장이기도 하였다. 교통로·접근로로서의 이 징검다리는 마을 사람들이 외지인들과 만나는 통로였고, 떨어져 있던 가족과 친척들이 만나는 장소이자 이별의 눈물 마당이기도 했다. 5일장을 보아 오던 어머니의 손에 들린 간고등어와 크레파스도 기억난다. 또 할아버지는 술에 취해 건너다 미끄러져서 다리를 다친 적도 있었고, 동네 친구들과 벌거숭이로 목욕하던 곳도 이곳이었다. 생생한 삶과 그 자체가 문화의 모습을 간직하고 있다. 그런 점에서 지역을 다양하고 실용적인 생활문화의 구현 장이라고 하는 것이다.

2. 지역사와 지역문화 제대로 보아 왔나?

그러면 이러한 문화의 기본 단위로서 가치와 경험적, 실용적 의미가 배어 있는 지역문화를 우리는 그동안 과연 어떻게 보아 왔을까? 제 가치를 올바로 인정하면서, 아끼고 가꾸었을까? 그리고 나아가 자기 지역의 문화에 대하여 자부심을 느껴 왔을까? 그랬으면 얼마나 좋았을까 생각하지만 실제로는 결코 그렇지 못했다.

중상(中上)(?) 정도의 한국문화, 지역민이 보는 지역문화는?

나는 가끔 학생들이나 문화강좌에 참여한 수강자들에게 "과연 우리 문화는 세계 여러 나라의 문화와 비교하였을 때 어느 정도의 수준일까?"라고 물어 본다.

이 질문에 대한 가장 보편적 응답은, 내가 경험한 바로는 "중상(中上) 정도가 아닐까요?"였던 것으로 기억한다. 이런 대답이 나오게 된 이유를 좀 더 자세하게 유추하여 본다면, 상(上)이라고 하기에는 자신들이 배우고 익힌 세계 여러 나라의 문화들에 비하여 우리의 문화가 절대적으로 우수하다고 생각되지 않아서일 듯하다. 그러나 우리 문화가 결코 하(下)라고는 생각하지 않는다. 아마 그러면 단군 할아버지나 세종대왕께서 나무랄 것 같은 생각도 들었을 듯싶다. 그렇다면 결국 우리의 문화는 중(中)이라는 이야기가 되는데, 사실 이 부분에서 왠지 민족적 양심의 부담이 생기게 된다. 그래서 택한 미묘한 지혜(?)가 바로 '중상(中上)'이다. 즉 중(中)이라고 하기에는 자존심이 상하고, 상(上)이라 하기에는 자신의 외국문화에 대한 안목이 문제될 듯해서 중(中)을 다시 상·중·하를 나누고, 그중에서 가장 좋다는 식의 '중상(中上)'이라는 평가를 내린 것이 아닐까 생각해 본다.

그러나 사실 각 나라의 문화는 '상하 우열'의 구분이 있을 수 없는 것이다. 그럼에도 이처럼 우리 것(문화)에 대하여 중상이라는 평가를 내린다는 것은 우리 스스로의 한국문화를 인식하는 수준이 '중상'에 머물고 있다는 이야기도 된다. 이처럼 우리가 우리문화에 대해서 소극적이고 부정적인 까닭은 무엇일까? 대개 그 까닭은

첫째, 무조건적 찬양론에 대한 반감
둘째, 서구적 가치관이 조장한 전통무시의 경향
셋째, 여기에 더하여 전통의 올바른 이해에 노력하지 않는 현실

이 원인인 것 같다. 그리하여 "우리 것은 좋은 것이여!"라든가, 우리의 전통문화가 중요하다는 이야기는 수없이 들어 왔으나, 학교교육에서 배워 온 역사·문화의 가치는 시험답안지에서나 통할 뿐이거나 혹은 지적 자만과 과시용으로, 실제 우리의 현실 생활과는 유리되어 있었다. 그리하여 결국 배운 역사와는 상관없이 현실 적용의 행동과 가치는 개인의 현실적 조건과, 수시로 변하는 판단에 의하여 필요에 따라 시시각각으로 바뀐다. 이런 상태라면 전통문화의 이해나 교육, 역사의 전승가치와 지혜는 허울뿐일 수밖에 없다. 통찰력과 비판, 삶의 지혜를 역사를 통하여 얻는다는 이야기는 정말로 속 빈 강정 같은 것이다.

한국의 역사나 전통문화를 보는 시각도 그렇지만, 이쯤에서 다시 생각해 보면 지역문화를 보는 시각은 더욱더 그랬던 것 같다. 지역의 문화는 그 문화가 생겨나는 배경에 따라 서로 다른 모습을 갖게 마련이다. 또 이들을 과연 어떠한 시각에서 어떻게 보느냐에 따라서 그 가치와 의미는 크게도 혹은 작게도 느껴질 수 있다는 사실을 다시 한 번 강조하여 본다.

시각과 애정, 자료 종합의 문제

다음으로 지역문화 바로 보기의 과정에서 등한시했던 것이 바로 자기 지역의 역사와 문화에 대한 애정의 부족 문제이다. 애정이 없으니까 챙기지도 않고, 가꾸지도 않게 된 것이다.

자기 문화에 대한 애정이 있어야 챙기고 가꾸기도 하며, 그러다 보면 바로 볼 수 있는 것이다. 또 그러는 과정에서 파악된 지역적 특성과 정체성은 문화적 자존감과 자신감의 원천이 되어 준다. 지역문화 연구는 바로 이러한 잘못된 문화이해를 극복하고, 스스로의 문화적 자존심과 자신감을 찾고 깨우치며 가꾸려는 작업이다.

지역문화는 중앙중심의 지배문화나 고급문화가 강요하는 보편성과 달리 독자적인 개성(특질)을 지니고 있으며, '그 시대에, 그 지역에서, 그들만이 만들어 낼 수 있었던 특수한 내용'이 바로 지역사의 본질이며 연구의 대상이다. 이 특수한 개성이 올바로 이해될 때 지역문화는 본래의 가치가 재음미될 수 있다. 또 우리가 주목하거나 특징을 부각하지 않아서 그렇지 각 시대, 각 지역의 문화는 그것을 과연 어떠한 시각에서 어떻게 보느냐에 따라 가치가 크게도 작게도 보이게 되어 있다. 또 이를 '가꾸고 다듬는' 정성에 의해 본연의 가치가 되살릴 수도, 반대로 사장될 수도 있다.

한편 왜 그러한 특성이 생기게 되었는가, 또 다른 점은 무엇이며 구체적으로 어떻게 다른가를 명확히 재고하지 않은 채 이루어지는 중앙사적, 연구분야별 일방적 평가는 지역문화의 실체를 조명하는 데 있어서 가장 큰 방해물이다. 앞에서 소개한 감나무 골 이야기나 징검다리 이야기 속에서도 강조하였지만, 우리가 별것 아닌 것으로 간주하는 지역의 독특한 관습이나 전승문화 속에는 지역 문화의 특징들이 간직되어 있다.

공주 갑사의 부도. 이 부도는 보물로 지정될
만큼 우수한 조각기법을 보여 준다. 아마도
당대의 최고 문화예술품이 조영될 만큼 갑사
에는 수준 높은 역사와 문화배경이 있었을 것
이다. 이 유적은 말해 주고 있으나, 정작 우리
는 이 부도의 주인을 모르며, 그 시대의 갑사
를 정확히 설명하지 못한다.

얇은 지역문화 연구층

과연 한국사나 한국문화 연구자 중 '지역사·지역문화 연구자'는 얼마나
될까? 이에 대한 답은 '하나도 없다'이거나 '거의 없다'라고 하는 편이 사실에
가깝다. 전국적으로 사학과나 역사교육과, 국사학과 등이 지역마다 많지만,
애석하게도 향토사 연구자를 제외한다면 자신 있게 '지역사 연구'를 자처하
는 연구자는 거의 없는 듯싶다. 또 지역마다 매우 많은 향토사 연구자들이
활동하고 있지만, 애석하게도 '연구자'로서의 지위를 인정받는 향토사가는
그렇게 많지 않다.

물론 필자를 포함하여 몇몇 한국사 연구자가 지역사와 자료에 대하여 상
대적으로 '남다른(?)' 관심을 가지고 있기는 하지만 그렇다고 스스로 "지역사

마을 어른들과 마을의 형성사
와 성씨의 입향유래를 조사하
는 모습. 생활문화의 현장 조
사는 전통과 역사의 단절을 극
복할 또 다른 방법이다.

연구자"라고 불리기를 원하는 사람은 몇이 안 된다. 전문학계의 경우 각자
의 전문 영역에서 활동하는 것이 항상 우선이지, 지역의 해당 분야 전문가로
불리는 것은 원하지 않는다.

　내가 좀 특별한 사례일 듯한데, 많은 사람들은 나의 전공과 전문연구분야
를 잘 모른다. 실제로 학회에서 발표를 하거나 논문을 제출할 때, 강연을 할
때 전공표기를 보통 '한국사, 한국문화사, 조선시대사, 사회사상사' 등으로
하고 연구분야를 기록할 때는 '향촌사회사, 촌락사, 고문서, 역사민속, 지방
사, 지역문화사' 등으로 적는다. 이것이 학계에서 통하는 전문영역인데 나같
이 적는 사람은 아마 거의 없을 것이다. 어떻게 보면 줏대도 없고 체통도 없
는 모습이다. 실제로 나의 40여 년 연구논저를 보아도 내가 딱히 어떤 분야
를 전공으로 하는지 알기 어려운 연구자인 것은 틀림이 없다.

　그러나 실제로 지역문화를 연구하다 보면 분야를 하나로 정할 수가 없으
며, 자료를 찾아 정리하는 과정에서 이러한 애매하고 불명확한 모습이 투영
된다. 그러나 향토사 연구자들은 나를 그렇게 보려 하지 않는다. 지역문화
연구와 조사방법론, 문화교육과 문화자원 활용에 애쓰는 사람으로 본다.

왜 이런 현상이 생겨난 것일까? 그리고 이것은 결과적으로 우리에게 무엇을 말하여 주는 것일까? 이러한 상황은 우리의 지역사연구가 학문적 인정을 받을 만한 수준에 도달하지 못하였다는 증거이자, 다른 한편으로 보면 지역사를 발전하지 못하게 하는 최대의 요인이라고 생각한다. 나는 이러한 상황이 야기된 까닭이 우리 학계의 지역 사료나 자료 발굴에 대한 무관심과 방기에 있다고 생각한다. 다시 말하면 연구 중심의 학계 풍토가 사료의 조사와 정리, 수집에 대한 열의를 저하시키고 있다는 것이다. 물론 입 달린 사람들은 관념적으로야 지방사, 지역사를 강조하고, 또 자료의 중요성을 주장하고 있다. 그러나 실제로는 그렇지 못하다는 것을 대학원생 정도만 되더라도 쉽게 알 수 있다.

그리고 이처럼 지역연구나 자료조사를 무시하는 상황에서는 연구에 참여하는 인력들도 사회적인 대우나 인정을 받기 어렵고, 이에 따라 배우는 학생들도 열의를 가질 수 없어 수준이 점차 하향하는 악순환이 계속된다. 물론 최근 지방대학 사학과나 연구소 등에서 지역문화와 역사에 대한 관심이 늘어 가는 것을 모르는 바는 아니다. 그러나 이러한 경향을 나는 방청석에서 혹은 발표문으로 유심히 점검해 보면서, 엄밀한 의미에서 '지역사 연구의 진면목을 떠올리며 뜨거운 가슴으로 지역사에 관심을 두는 연구자'는 별로 많지 않다는 것을 느낀다. 애정도 없을 뿐만 아니라 지역문화의 정체성, 상대적 특성에 대한 이해도 부족하다. 기존의 중앙사·보편사의 시각을 가지고 지역사, 지역문화를 평가하고 비교하려고 하기 때문이다.

아직도 우리 학계는 지역사 연구에 관한 한 철저한 현실인식을 하지 못하고 있고, 그런 탓으로 제시되는 대안 역시 문제의 핵심과 초점을 파악하지 못한 상태에서 원론적이거나 엉뚱한 논의를 지속하고 있다. 지역사의 기초 자료조사를 무시하고 게을리하면서도 지역사를 연구하겠다고 깃발을 내거는 이러한 모습에 많은 지역의 아마추어 연구자들은 오히려 의아해 하고 있음을 알아둘 필요가 있다. 지역사 연구의 진면목을 떠올리면서 뜨거운 가슴으로 지역문화를 대하는 것이 아님을 모두 알고 있기 때문이다.

3. 지역문화의 주체와 자료 바로 보기

1) 지역, 지역민 주체의 문화

이제 지역문화를 올바르게 바라보기 위해서는 과연 어떠한 노력과 관심들이 필요한지를 살펴보려고 한다. 대개 나는 여기에서 지역민 주체의 지역문화 이해, 시각과 평가 기준, 자료조사와 대상의 확대, 지역특성의 종합적 해석 등으로 나누어 이야기하고자 한다.

지역문화는 한 개인이 아닌, 공동체들의 이해와 지원, 주변 여건들이 종합적으로 연계되어 이루어진 것이다. 따라서 지역사 서술에서 가장 우선해야 할 것은 지역사의 변천과정을 지역 주체적 입장에서 체계적으로 정리하는 일이다.

지역사와 지역문화의 주인

지역의 역사와 문화는 지역민의 입장과 이해를 반영하면서 해당 지역의 독특한 성격을 반영하는 결과물이다. 이들 지역의 문화적 정체성과 특수성을 국가, 중앙, 보편사의 시각으로 대입하고 상대적으로 평가하면 특수한 지역 배경과 사정을 제대로 해석하고 이해할 수가 없다. 그런 점에서 보면 지역세력과 지역민의 입장이 아닌, 중앙과 기록자의 입장에서 쓰여진 역사는 지역문화의 올바른 이해에 장애가 된다. 우선 이 기록들은 지역배경과 성격에 대한 이해가 부족하거나, 자신들의 시각과 기준을 가지고 지역의 역사와 문화를 평가한다. 지역을 객체로 보고, 통제와 교화의 대상으로 보기 때문에 특수한 지역의 입장이 배려되지 않으며, 때로는 왜곡·폄하도 적지 않게 이루어진다.

특히 기록의 양에 있어서 중앙이 중심이고 지역 기록은 매우 적다. 아주 적은 양의 기록이라는 점도 문제이지만, 선택 수록된 기록 내용도 부정적이거나 특수 사건사가 대부분이라는 문제가 더 크다. 그리고 지역의 보편사나 생활사는 아예 기록되지 않는다. 내가 『조선왕조실록』 같은 중앙의 관찬 사서에 기록되는 생활사는 '소가 송아지를 낳은 일반적인 것'이 아니고 '송아지가 소를 낳는 기이한 사실'이라고 비유하는 것도 그러한 이유 때문이다. 사건과 부정적인 지역 기사는 앞 장에서 소개한 것처럼 중앙의 필요와 이해, 평가를 그대로 반영하고 있다.

따라서 이러한 기록들을 그대로 번역하고 이를 자료로 단순하게 나열하거나, 일부분을 지목하여 선입관과 편향적 인식으로 평가하면 지역사의 실제 모습과 의미를 축소하고, 지역민의 입장이 무시된 채 중앙 중심적 보편사의 입장에서 지역사를 서술하게 된다. 이는 어떤 의미에서는 지역민의 주체적인 의사와 성향을 철저히 배제한 것으로 연구 수준을 낮게 하는 요인이 될 수도 있다.

콜럼버스의 신대륙 발견과 인디언

흔히 우리는 아메리카 신대륙을 콜럼버스가 발견했다고 믿고 배우며 가르친다. 잘 알려져 있듯 크리스토퍼 콜럼버스(Christopher Columbus)는 이탈리아 출신의 탐험가로 1492년 에스파냐의 이사벨라 1세의 후원을 얻어 대서양을 횡단하여 처음으로 아메리카 대륙을 발견한 인물이다. 그런데 당시 그가 발견한 곳은 오늘날의 아이티, 쿠바가 속해 있는 바하마 제도의 한 섬이었다. 정작 그는 그곳을 인도의 서쪽이라 믿어 서인도제도라 명명하였다. 또한 그에 의하여 인디언이라 이름 붙여진 원주민들의 입장에서 보면, 자기 지역을 그가 최초로 발견했다는 사실에 정말 황당하였을 것이다. 물론 서양인들의 입장에서 처음으로 대서양을 횡단하여 아메리카 신대륙을 발견한 서양인물로 콜럼버스를 지칭하는 것은 당연하고 옳다. 그러나 원주민들에게 그것은 사실이 아니며, 덩달아 그것을 외우고 가르치는 서양 외 지역의 교육은 무언가 이상스럽다.

특히 그에 의하여 개척된 신대륙이 곧 유럽 사람들의 활동무대가 되었고 식민지 경영이 시작되면서 원주민들은 공납과 부역에 시달리기도 하고 수많은 원주민들이 살해되고 노예화되었던 것을 상기하면 객관을 가장한 일방통행의 문제점이 잘 드러난다. 문화의 주체와 객체, 그리고 이것을 어떤 시각에서 어떻게 평가하느냐의 문제는 우리에게 참으로 중요한 과제가 아닐 수 없다.

우리의 역사 속에서도 그러한 예는 수없이 많다. 전라도 남해안의 진도, 그리고 바다 건너 제주도에 지방관이나 유배인이 찾아와 이전한 내륙문화는 때로 저급한 도서지역의 개화와 개척의 신화가 되기도 하지만, 반대로 그들이 섬 지역의 고유문화, 생활문화, 민속문화를 단절시키고 변형, 굴절시킨 장본인이 될 수도 있는 것이다. 주체와 객체가 누구냐에 따라서 이런 역사가 다 맞다고 생각할 수도 있지만, 모두 틀리다고 생각하는 사람도 있을 수 있다.

사실 이 절에서 말하고 싶은 것도 바로 이러한 것으로 지역사와 지역문화를 누구의 시각에서 어떻게 보느냐에 따라 느끼는 가치와 의미도 각기 다르다는 점이다. 또 그들의 문화배경과 형성 발전, 자체변용, 지역주체의 다양성을 주목하는 일이 얼마나 중요한지를 다시 한 번 상기하였으면 한다. 일방적인 외부인의 입장, 중앙중심의 평가절하 시각, 무시와 소외를 벗어나 지역민의 입장에서 바로 보아야 할 것이다.

살아 있는 역사자료관 '강화도'와 강화지역민

하늘나라 선녀님들이 내려왔다고 하는 마니산 참성단이 있는 곳. 우리나라 최대의 고인돌이 있는 곳. 바다와 어우러진 자연 풍광과 함께 가는 곳마다 역사의 흔적이 살아 숨 쉬는 곳이 강화도다. 그래서 강화도를 '살아 있는 역사자료관'이라고도 한다.

통일신라시대에는 남해바다 완도에 장보고가 자리 잡았던 청해진과 쌍벽을 이루는 군사시설인 혈구진이 설치되었을 정도로 강화도는 군사적 요충지였다. 그런가 하면 몽고의 침입에 끝까지 항거하였던 삼별초가 기병한 곳도 강화도였으며 왜란과 호란, 그리고 개항기의 서구열강의 침략 앞에서 민족적 저항의 꿋꿋한 의기를 보였던 곳도 강화도였다. 30여 년 전의 용어로 표현한다면 진정한 '국난극복의 현장'인 셈이다. 또 다른 한편으로 보면 강화도는 내륙과 멀리 떨어져 있다는 지리적 조건에 맞는 여러 문화양상들이 보이는 곳이기도 하다. 팔만대장경이 강화 선원사에서 간행되고, 몽고침입기와 병자호란 때는 강화도에서 항전을 하였다. 또 강화도는 후에 철종이되는 강화도령이 살던 곳으로도 일반인들에게 잘 알려져 있으나, 유배지로도 이름이 높다. 그것도 대개 왕족이거나 정쟁에서 도태되는 거물급 정치인들이 유배자의 대부분이었다. 이것은 비단 조선시대에만 국한되는 것이 아니었고 고려시대에 더욱 그러했다. 그만큼 안정시기에는 서울과의 격절지점으로도 의미가 있었던 것이다. 훗날 수많은 전적들이 프랑스 군대에 의하여 불에 타고 약탈당하여 현재 프랑스에 보관된 것도 외세의 침탈기였던 양요 때 강화도가 겪은 역사임을 모두가 알 것이다. 그러나 그들이 강화도에서 귀중한 전적 문화재들을 반출할 수 있었던 것은, 이곳에 정족산 사고와 외규장각이 있었던 탓이었으며, 이는 바로 강화도가 보물을 감추어 둘 만한 외진 곳이었기 때문이었을 터이다.

그런데 이러한 유적들이 왜 강화도에만 그렇게 많은가 하는 의문이 생긴다. 바로 이 의문을 해결하여야 강화도의 역사와 문화가 올바로 보일 수 있다. 우선 첫째로 강화도는 서해상의 중간지점이면서, 서울이나 개경에 이르는 길목이라는 점이다. 부연하면 강화도는 서울 쪽의 문화와 다른 지역의 문화가 교류할 때 반드시 지나야 하는 지리적 조건을 지니고 있었다. 따라서 좋든 싫든 그러한 문화양상이 강화 땅에서 이루어지게 되었던 것이다.

강화도의 동북쪽 해안은 안정기에 대륙으로부터 문물과 정보가 흘러들어온 길목이었다. 또 손돌의 전설이 전해지는 손돌목은 물살이 세기로 이름난 곳이기도 하지만, 남쪽지방으로부터 온갖 물자와 인구들이 개경과 서울을 향하던 해로의 요충이었다. 강화도와 김포·통진을 가로지르는 해협은 마치 오늘날의 고속도로와 같은 1번 해로였고, 강화도의 포구들은 마치 나들목처럼 다종다양한 문화가 만나고 갈리는 정거장이자 경유지였다. 강화도 문화는 그래서 독특하고 다양한 것을 특징으로 한다. 강화만의 모습도 모습이지만, 이러한 자연지리적 조건에 걸맞은 특성들을 문화와 역사로서 오랫동안 간직하여 '강화 것'을 만들어 낸 것이다.

그런데 이러한 자연지리적 조건은 어느 때는 유리하게 활용되기도 하고, 어느 때는 침해의 대상이 되는 매우 불안한 모습으로 역사에 흔적을 남기기도 한다. 군사적 목적에서 이루어지는 통일신라시대의 혈구진이라든가 강화산성을 수축하는 것, 갑곶진이나 광성보를 구축하는 것은 주로 외적의 침입을 막기 위한 방어의 모습이다. 서해로 침입하는 외세, 남북으로 연결된

강화도는 살아 있는 역사박물관이라고 불릴 정도로 많은 문화유산이 전
해지고 역사적 사건들이 일어난 곳이다. 이는 해로의 요충이자 전략적
보루로서 강화도가 지닌 지리적 배경이 만든 지역의 역사와 문화였다.
(강화도 고인돌 / 참성단 / 손돌목 / 강화도고도)

연안해로를 따라 개경이나 서울로 향하는 반란세력도 이곳을 경유하였을 것이니 이 같은 군사시설을 마련하는 것은 당연한 처사였다.

그래서 각 대학의 사학과나 문화 관련 학과 학생들이 유적 답사지로 빼먹지 않고 찾는 곳이 바로 강화도이다. 그런데 정작 중요한 문제는 이처럼 역사와 문화이야기를 열심히 하면서 우리는 역사의 현장에서 그 어려움을 이겨 냈고 견뎌 냈던 토박이 강화 사람들의 이야기를 단 한마디도 하지 않는다는 사실이다. 강화도 유적에서 강화도 사람의 모습은 전혀 보이지 않고, 보려고도 하지 않는 것이다. 강화도의 역사와 민속, 외지인에 대한 강화 사람들의 의식과 정서, 이 모든 것이 바로 강화도의 지역사이자 문화이건만 자체의 성장배경, 발전과정은 사장된 채 주로 중앙사의 시각과 관점만으로 평가·이해되고 있다. 자세히 살펴보면 각 시대마다 강화도의 지역민과 지역정서가 어우러진 독특한 문화가 적지 않으며, 외부변화와 외부요인, 외래문화에 대한 그들만의 독특한 대응방식과 지혜가 있었을 것이다. 우리는 이에 대하여 다시 한 번 생각해 보아야 한다.

2) 지역연구의 시작과 끝 '자료'
지역문화 자료의 중요성

앞 절에서 지역민 주체의 시각을 강조했던 것과 함께 중앙문화에 의한 평가를 재검토하고, 지역문화의 올바른 이해를 위해서 무엇보다 필요한 것이 각 지역에 남아 전하는 전승자료를 지역민의 안목으로 충실히 정리·연구하는 작업이다. 지역의 독특한 관습이나 전승문화 속에는 지역문화의 특징들이 간직되어 있기 때문이다. 따라서 지역문화의 특색을 설명할 이들 자료를 보존치 못할 경우 지역문화는 중앙중심의 일방적 평가나 상대적 평가를 반박할 근거를 잃게 된다.

물론 많은 사람이 지역에 관련된 자료가 적다고 말하지만, '쓰여지지 않은, 그리고 쓰여질 수 없었던' 자료까지 생각하면, 재해석을 기다리는 다양한 종류와 수량의 자료들이 우리 곁에 아직도 많이 남아 있다. 연구대상 자료원으로 문화형성의 토대가 되는 지리, 생태, 환경도 주목할 대상 자료이고, 역사 기록 이외의 지역성을 보여 주는 민속이나 구전 같은 인접분야의 다양한 전승자료들을 종합적으로 살펴야 한다. 그럴 때 문화사, 종합사, 생활사로서 가치가 큰 지역사는 올바른 복원이 가능할 것이다.

이제까지의 한국사 연구는 중앙·지배권력 중심으로 정치·경제·군사·외교·행정 등 제도변화나 인물·사건중심의 이해에 집중한 경향이었다. 더구나 중앙의 관찬 기록에서 확인되는 지방기록의 내용도, 보편적인 특성이라기보다는 예외적이고 중앙지배층의 시각에서 왜곡된 것일 경우가 많았다. 그 때문에 지역민이나 지역의 역사·문화상은 사장될 수밖에 없었다. 이에 더하여 우리의 지역문화에 대한 이해의 시각이 고고학이나 미술사 분야에 너무 편중됨으로써 총체적인 문화상의 파악이나 보편적 생활문화사 연구는 외면되었다.

따라서 지역사를 올바르고 정확하게 이해하기 위해서는 앞에서 지적한 중앙중심적인 평가를 극복하는 것과 함께, 지역적 특성을 규명하는 과정에서 절대적으로 필요한 것이 다양한 자료들을 충실히 수집, 정리하는 일이다. 특히 지역의 전통이나 역사·문화적 특성이 담긴 객관적 자료를 광범하게 수집하고 그것을 바탕으로 합리적인 주장을 하는 것이 원칙이다.

즉 중앙문화에 의한 평가를 번복하기 위해서 "각 지역에 남아 전하는 전승자료를 지역민의 안목으로 충실히 정리·연구하는 작업"이 요구되는 것이다. 기초자료의 수집·정리·해석이 없는 상태에서 설정된 선입관에 몇몇 특수한 자료를 꿰어 맞추는 식의 성급한 연구들은 자칫 사상누각으로 끝날 위

현장을 찾아 쌓여 있는 역사와 문화이야기를 되찾으려는 노력과 관심에 의해 자료 수집이 이루어지며 동시에 문화가 전승되고 되살아난다.

험성이 크다.

　다시 강조하지만 이 같은 기초자료들의 지속적 확보과정이나 확보량은 해당 지역사 연구의 수준과 학문적 품격을 결정하기 마련이다. 즉 한 지역의 문화성격을 규정할 만한 기초자료와 소재들이 과연 양적으로 얼마만큼 축적되어 있는지, 또 그것들이 얼마나 정확하고 완전하게 표집되었는지의 문제는 지역사 연구의 성패와 직결되어 있다. 따라서 이러한 지역의 기초 데이터들을 마련하는 데 여러 학문분야 종사자들이 합심하고, 인력과 예산, 시간을 충분히 투자하여야 한다. 이들 기초자료의 광범한 수집이 선행된 뒤에야 그 자료 중 어느 것이 지역적인 특수성을 반영하고, 또 어느 것이 보편성을 지닌 자료인가를 구분해 낼 수 있기 때문이다. 만일 이러한 작업과 분석이 철저하게 이루어질 수 없을 만큼 기초자료가 수집되어 있지 않다면 아직 지역적 특성을 논의할 단계가 아니라고 판단하여도 무리가 아니다.

자료원의 확대와 그 가능성

다음으로 지역의 문화자원들을 다시 보고[재조명], 넓게 보면[자료원 확대] 무수히 많은 자원들이 우리를 기다리고 있다. 우리가 별것 아닌 것으로 간주하는 지역의 독특한 관습이나 전승문화 속에 지역문화의 특징들이 숨겨져 있을 수 있다.

사실 지역사를 연구하는 사람들이 이구동성으로 하는 말이 "지역 관련 자료가 없다"는 말이다. 그러나 필자는 이 말에 동의하지 않는다. 왜냐하면 우리의 시각과 관심에 따라서 이를 극복할 자료들은 너무나도 많다고 생각하기 때문이다. 물론 이 자료가 없다는 말은 기록된 역사자료가 없다는 말인데, 실제로 해당지역에 관련된 기록 자료를 찾아내는 일이 얼마나 어려운 것인지는 체험을 통하여 필자도 잘 알고 있다. 그러나 비록 한계는 있지만 기록 자료들에 대하여도 지역민과 지역사의 입장에서 재점검하면 많은 자료들이 검출될 수 있고, 수많은 문집류 자료들과 고문서, 금석문 자료들도 기록 부족의 한계와 문제점을 극복하게 해 준다.

한편 여러 종류의 자료들을 애정을 갖고 챙겨 보는 자세가 필요하다. 자료의 범위와 대상도 과거와 같은 전통문화 중심의 역사나 민속에서 외연을 확대하여 자연, 지리, 사회, 역사, 예술, 의식 등에 이르는 지역민의 문화 전체를 체계적으로 분석해야 한다. 필자가 '쓰여지지 않은 자료'라고 말하는 유·무형의 문화유산들은 민속학, 구비문학, 사회학, 인류학 자료들, 그리고 자연환경과 함께 다양성과 지역특성을 반영하면서 남아 있다. 그래서 나는 이들 대상과 자료원 확대, 인식의 확대를 주장하며, 이를 통하여 부족한 자료의 보완과 지역문화상이 종합될 것으로 믿는다. 이 자료들은 수도 없이 많은 이야기를 우리에게 전해 주기 위하여 수백 년 혹은 천여 년을 기다려 왔다고 해도 과언이 아닐 듯싶다.

목마른 사람이 샘을 파듯

따라서 앞으로는 지역의 문화자료를 수집하는 일에 가치와 비중을 좀 더 두는 학계의 인식이 필요하다. 자료를 수집하는 사람들은 수년 혹은 십수 년이 걸려 자료를 찾고 그 과정에서 지역의 문화와 지역민의 삶을 알게 된다. 그런데 서울이나 학술기관들에서는 연구논문, 거대 담론의 연구 성과물들에만 주목한다. 그리고 그 기준으로 연구성과를 평가하는 경향이다.

그러나 나는 지금도 자료조사와 지역 인력 양성이 별개가 아니며, 자료의 확보와 축적에 지속적인 투자가 필요하다고 생각한다. 후속 인력이 매력을 느끼지 못하고 또 인정받지 못하면, 아무도 그 어려운 일을 자처하여 담당하지 않을 것이 자명하다. 우리 세대, 그리고 나 같은 사람이야 어쩔 수 없이, 혹은 자기 좋아서 하였다고 하지만 후학·후배들에게 권장하고, 교육하고, 실행하기 위해서는 그에 걸맞은 제도와 지원이 필요하다고 본다. 더욱이 가르치는 학자·교수들이 자료 수집의 중요성을 모른 채 조사 경험이 부족하거나 아예 없으니 제자들에게 그 중요성을 가르치지 못하는 것에 대하여 사실 나는 불만이 매우 많다.

이처럼 자료의 발굴과 수집에 대한 평가가 중시되지 않는 우리 학계의 현실에서 지역자료가 가진 다양성, 종합성을 감안하고 전문영역을 벗어난 자료에 관심을 갖는다는 것은 무리이다. 이는 지역 자료의 수집과 정리가 효율적으로 이루어지지 못한 상황과 연결된다. 즉 지역사를 체계화하고 발견되는 자료를 총합하기 위해서는 누군가가 분류사나 시대사의 영역을 넘어서 이를 정리하여야만 한다.

"목마른 사람이 샘을 판다"는 우리 속담이 있듯이 지금 당장 필요한 것은 이를 느끼는 연구자들이 한마음으로 대안을 만들어 가는 것인데 지역문화 연구에서 특히 그러하다. 다양한 형태의 자료가 가시권에 들어오면 불가피

하지만 전문영역의 범주를 넘어서는 '외도(外道)'도 필요해지게 된다. 어쩌면 그것은 지역사 연구자들에게 앞으로 당분간은 계속될 부담이자 현실이라고 할 수 있다.

바로 이 점에서 '안다니'로 불리는 나 같은 연구자가 어쩔 수 없이 여러 형태의 자료를 대신 좇아 좌충우돌하게 되는 것이다. 어찌 보면 이런 연구자나 향토사 연구자는 정말로 속없이 비난받아 가며 남 대신 수고를 하고 있는 셈이다.

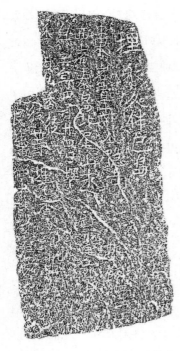

필자가 비석거리라는 지명을 토대로 찾아낸 암태도 매향비(탁본). 이 유적은 1405년의 섬사람들의 역사와 문화를 알려 주고자 500여 년을 기다려 왔던 것이다.

산꼭대기에서 낚시질하기

예컨대 필자가 1983년 제자들과 전남 신안군의 암태도 조사과정에서 '비석거리'라는 지명을 주목하고 추적 끝에 1405년(태종 5) 건립된 암태도 매향비를 발견한 경우는 그러한 구체적 사례가 될 수 있다. 대개의 경우는 비석거리라고 하면 그곳에 한두 개의 비석이 있거나 얼마 전까지도 있었다고 하는 것이 상례이다. 그런데 이곳은 비석의 존재도 확인이 안 되었을뿐더러 촌로들 역시 그곳에 비석이 있는 것을 본 적이 없다는 것이었다. 없다면 그뿐일 일이지만 자료를 찾으려고 그랬던지, 나는 내력도 잘 전해지지 않는데 지명만이 존재한다는 사실에서 그 비석이 아마도 아주 오래된, 그리고 특정 집안의 것이 아닌 공적인 비석일지도 모른다는 생각을 하게 되었다. 어쩌면 자료가 너무 없어 터럭 하나라도 잡으려는 욕심에 그렇게 생각하게 된 것일지도 모르겠다.

어쨌든 어려운 추적 끝에 우리는 '별 이상한 사람도 다 보겠다'는 눈빛으로 통명스럽게 그곳의 사정을 전해 준 노인 한 분을 만날 수가 있었다. 그의 제보에 의하면 그곳에 비석은 없고, 네모반듯한 돌이 하나 있었는데 비석처럼 생겼으며 혹 수로공사 때 땅에 묻히지 않았는지 모르겠다고 하였다. 이에 우리는 혹시 그곳에 글씨가 쓰여 있는지 물었으나 아마 없었던 것 같다고 하였다. 매우 난감하기도 하였지만 우리는 일단 확인이라도 해 볼 심산으로 문제의 네모난 돌을 찾았다. 산등성이에 석태가 잔뜩 낀 채 뉘어 있는 이 돌은 언뜻 보아서 분명 비석은 아니었고 그대로 네모반듯한 자연석일 뿐이었다. 혹시나 하는 마음으로 나는 그 돌을 살펴보았다. 그런데 이게 어찌 된 일인가. 매우 조잡하기는 하지만 분명 글자가 새겨져 있었고 다른 글자는 거의 판독할 수 없었지만 나는 '향도(香徒)'라는 두 글자만은 분명히 읽을 수가 있었다.

향도가 무엇인가. 두레와도 통한 고려시대 불교결사조직이었으며 조선전기의 촌락공동체적인 면모를 대변한다는 바로 그것이 아닌가. 비록 당시의 나로서는 향도에 대해 지극히 상식적인 정도의 지식만을 가지고 있었을 뿐이었지만, 고생 끝에 찾은 자료이기도 했고 또 연대가 궁금하여 탁본을 하기 시작하였다. 그 결과 이 비석은 1405년(태종 5)에 건립된 것임을 확인하게 되었고, 이 시기 섬 지역에서 향도의 실체를 확인하게 된 사실이 신기하기만 하였다. 물론 이때까지도, 탁본까지 하였으면서도 필자는 그것이 「매향비(埋香碑)」라는 사실을 전혀 모르고 있었다. 창피한 이야기이지만 이것이 매향비임을 알게 된 것은 탁본을 들고 서울대 이태진·최병헌 교수를 만나고서였다.

물론 민중의 불교의식을 반영하는 이 매향비에 대한 연구는 아직도 미약한 형편이고 불교사상사 연구자들조차 본격적 연구를 진행하고 있지 않다. 그러나 이 자료의 발견을 계기로 필자는 조선초기 촌락조직의 면모를 사회사적인 관점에서 정리하여 보고자 했고, 특히 이후 전남지역에서만도 8종에 이르는 여말선초의 매향비를 추가 발견할 수가 있었다. 바로 이 같은 경험은 지명에 대한 관심에서 출발한 우연한 조사가 가져다준 큰 소득이었다. 이는 마치 산 정상에서 낚시질을 하는 것처럼 전혀 의외의 상황에서 중요한 자료를 구하게 된 경우라고 할 것이다. 예외적이고 매우 우연적인 것으로 생각될지 모르나 이 같은 나의 경험은 어느 곳에서든 여러 유형의 자료에 관심을 가지게 하였고, 어떤 점에서는 그 때문에 남보다 많은 자료를 추적할 수 있었다고도 볼 수 있다. 산꼭대기에서도 물고기를 낚을 수 있다는 가능성을 포기하지 않는 자세가 필요한 것이다.

지양해야 할 보물찾기식 자료조사

다음으로 지역문화를 올바르게 보려면 여러 분야의 관련자료들을 '함께', 혹은 '다시' 보아야 한다. 서울에서 지방으로 자료조사를 나오는 연구자들에게서 발견할 수 있는 일반적인 경향 중의 하나는 자료조사를 마치 보물찾기식으로 진행하는 것이다. 물론 시간의 제한이나 주목하여 둔 사실의 현장확인에 목적이 있어서 그렇기도 하겠지만 이런 보물찾기식 조사는 자칫 '곳간에서 비단을 구하는 것'이나 '보물을 찾으려다가 봉창 털리는 격'의 우를 범하기 십상이다.

즉 조사자가 자신의 연구자료 추적에만 전념한 나머지 직결되는 주변 자료를 놓치는 경우도 적지 않다. 일정한 가설과 상식에 의존하는 조사자의 관념 한계는 상대적인 자료의 재해석에 둔감하게 되고, 결국은 자신의 논지를 보강시켜 줄 자료를 무의미한 것으로 도외시하거나 산질시키는 경우가 바로 이에 해당된다.

중요한 자료는 대개가 그 같은 자료가 있을 수 있는 곳에 있어야 정상이다. 그리고 실제로도 그러한 기반이 있는 곳에 자료는 집중되어 있다. 현장조사 경험이 많은 사람들은 현지에서 느끼는 '감(感)'을 중시한다. 현장감에 익숙하면 자료원의 추적이 용이해지고, 그것을 바탕으로 인접자료와 다양한 자료를 더 많이 추출할 수가 있으며, 그러면 그만큼 자료의 활용 폭도 커지게 될 것이다. 현장감을 익히지 않은 상태에서 조사가 진행될 때 바로 자기중심적인 겉치레 조사가 이루어지는 것이며, 많은 노력에도 불구하고 소득은 적어질 뿐만 아니라 조사된 내용의 객관성이나 신빙성도 떨어지는 경우를 필자는 많이 보아 왔다.

특히 근·현대사 자료를 추적하는 경우 이러한 현장감은 매우 중요하다. 같은 지역이라도 하천 하나를 사이에 두고 신분적인 갈등이 확연한 곳이 있고, 같은 성씨라도 인식차가 판이한 경우가 흔하다. 만약 이를 간파하지 못한 상태에서 제보자의 이해가 개재된 구술내용을 토대로 하는 논의는 문제가 될 수 있는 것이다. 그래서 전후좌우를 살펴야 되는 것이고, 서로 다른 인식을 대비하는 여유도 필요한 것이다. 이 같은 현장감이 결여된 경우 곡간에서 곡식을 찾지 않고 비단을 구하는 어리석음이 생기는 것이며, 어쩌다 발견된 비단을 보고 신기해 하다못해 곡간을 포목전으로 둔갑시키는 경우까지 생기는 것이다.

유능한 조사자는 요령을 잘 터득하여 효율적인 조사를 할 것이고, 때로 운이 좋은 조사자는 보물 같은 자료를 우연히 찾기도 할 것이다. 그러나 어떤 때는 필자가 이름 붙인 '저인망식' 조사방식을 선택하여 아주 포괄적인 조사를 하는 것도 필요하다. 필자는 지역자료 조사를 나가면 일단 그 지역의 모든 자료를 관심 있게 수집하고자 노력한다. 어쩌면 황당하게 생각될지 모르지만, 선사유물에서부터 미술사유적이나 성씨와 인물사 자료, 고문서 자료, 민속자료, 심지어는 전설과 지명까지도 관심권에 둔다.

지금도 변함없는 생각이지만, 지역사 자료는 단순한 사서나 기록자료만으로 설명하기 어려운 측면이 있다. 그래서 종종 중앙사나 국가사 차원에서는 '사례연구'니 '지역 특수사정'이니 하면서 별종 취급을 하고 있지만, 그것은 자료를 이처럼 여타의 다양한 인접분야에서 찾아보지 않고 하는 변명일 경우가 적지 않다. 그 이유는 지역문화사의 구도 자체가 이렇게 출발돼야 한다는 신념 탓이기도 하지만, 그것보다 중요한 것은 이렇게 해야 숨겨진 자료가 표출될 가능성이 커지기 때문이다.

4. 지역문화 바로 보기 시각과 종합성

1) 시각, 평가기준 문제
재해석 기다리는 지역사 자료들

한국사상에서 지역사와 지역문화는 주체(主體)이기보다는 '객체(客體)'이 었다. 지역문화, 지방문화는 중앙문화와 구분되면서, 특히 중앙중심의 시각으로 비교·평가되었다. 그리하여 중앙과 지방은 보편과 특수, 고급과 저급, 주류와 아류, 원형과 변형(사례)으로 자리매김을 한 경향이다.

필자는 지방대 교수로 30년 동안 수많은 자료들을 찾아 각지를 누볐고, 남들보다 먼저 흥미롭고 새로운 자료들을 조사하는 희열을 느끼기도 하였다. 그렇지만, 한편으로는 현지조사과정에서 우리가 수습하는 지방자료는 다종다양하며 서울 중심의 학계 보편상식으로 설명하기 어려운 새로운 형태, 해석 불가능한 성격, 특이한 사례인 경우가 대부분이었다. 좀 더 구체적으로 말하면 지역의 자료들은 체계화된 문헌자료나 관찬사료와는 차원이 다른, 그래서 국가사의 보편론, 상식적 수준으로는 설명하기 어려운 다종다양한 자료들이 많다. 그래서 대학교수이며, 전문 연구자로 자부하면서도 나는 곧바로 그 의미와 가치를 정의할 수 없었다. 단편적이어서 그렇기도 하지만, 전례가 없는 새로운 지역의 예외적인 자료들이 검출되는 까닭이다. 그리하여 처음에는 나의 연구분야나 전문영역이 어쩌면 그렇게 왜소한 것인지, 또 나의 자료이해 폭이 왜 그렇게 좁은지를 실감하기도 하였다.

왜 그런 결과가 나타난 것일까? 그것은 지역사와 지역문화 자료의 특수성과 상대성에 대하여 별반 심각하게 고민하지 않았기 때문에 생긴 결과들이다. 많은 중앙중심적 사고를 가진 연구자들이나, 다양한 배경의 지역 자료를 수집한 경험이 없는 연구자들은 지역사와 지역문화의 배경, 지역적 변천과정, 문화의 주체인 지역민에 대한 중앙 이론의 한계를 절감하면서 자료를 재해석하려 하지 않는다. 그보다 대부분의 경우는 그 틈새와 설명의 필요성에 대하여 적절한 타협으로 무마하거나, 지역별 '특수 사례'나 '변형'으로 정리해 버리는 경향을 본다. 탁상의 연구이론으로 지역사와 지역민의 존재를 격하하거나 무시하고 있는 것이다.

그러나 지역문화는 중앙중심의 지배문화나 고급문화가 강요하는 보편성과 달리 독자적인 개성(특질)을 지니고 있으며, 이 특수한 개성이 올바로 이해될 때 지역문화는 본래의 가치가 재음미될 수가 있다. 왜 그러한 특성이 생기게 되었는가? 또 다른 점은 무엇이며, 구체적으로는 어떻게 다른가를 명확히 재고하지 않는 일방적 평가는 지방문화의 실체를 조명하는 데 있어서 가장 큰 방해물이다.

보기 나름, 챙기기 나름

계속 강조하지만 지역문화 자료는 중앙중심의 지배문화나 고급문화와 다른 독특한 정체성을 지니고 있다. 그러나 이들 특수한 자료들은 평가시각이나 주체에 따라 전혀 다른 의미와 가치를 지니게 된다. 여기에서 나는 지역의 문화자료를 보는 시각과 관련하여 보기 나름, 챙기기 나름이라는 화두를 몇 가지 예시로 설명하여 보고자 한다.

30년쯤 된 일인데, 내가 대학에 교수로 부임한 초기에 학장으로부터 하나의 부탁을 듣게 되었다. 내가 문화재 감정평가사임을 알게 된 그분이 어느날 나를 불러 자기 집에 가보(家寶)가 하나 있다며 감정을 부탁한 것이었다. 당시 나의 생각으로는 학장 정도 하는 어른이 대대로 내려온 가보라고 하니 분명 청자나 백자 같은 대단한 골동품이 소장되었을 것이라는 기대를 가졌고 흔쾌히 허락하였다. 그리고는 얼마쯤 지나서 학장이 주말에 자기 고향집에 가자고 하여 따라 나서게 되었다. 그런데 정말 시골도 그런 시골이 없을 정도로 차에서 내려 구불구불한 논두렁길을 한참 걸어서야 한적한 마을에 도착할 수 있었다. 학장은 자신이 어렸을 때는 마당에서 닭과 꿩이 같이 놀았다는 이야기를 하면서 내심 미안한 표정을 지었다. 그때 내가 생각한 것은 황당하게도 이런 시골에는 골동상의 손이 미치지 않았을 것이고, 분명 내가 기대하는 보물이 눈앞에 나타날 것이라는 예감이었다.

방에 들어가서 한참을 뜸을 들이던 그분은 다락방으로 올라가 보자기에 싼 물건을 들고 내려왔다. 이미 빛바랜 보자기는 좀이 슬어 있었고 보자기를 풀자 오동나무 상자가 나왔다. 나는 무릎을 꿇고 처음으로 대하는 유물을 맞이하였다. 그러나 오동나무 상자 속에서 나온 보물은 보물이 아니라 날이 거의 닳아빠진 호미였다. 기대가 커서 그랬던지 내가 너무 실망하는 표정을 짓자 학장은 파안대소로 속마음을 털어놓으셨다. 사실 오늘 나를 이 시골집으로 데려온 것은 내가 열심히 살아가는 것을 보면서 젊은 시절의 당신 모습이 생각나서 토종닭을 한 마리 삶아 주고 싶어서였고, 가보를 운운한 것은 나를 유인하기 위한 것이었다고 말이다.

정말 고마운 분이 아닐 수 없고, 나 스스로를 돌아보면서 이분의 기대에 어긋나지 않게 더욱 열심히 해야겠다는 생각을 하였다. 그런데 식사 중에 학장님은 이런 이야기를 하셨다.

자네가 보기에는 청자나 금관 같은 보물에 비하여 이 하찮은 호미 자루는 우습기 짝이 없겠지. 그러나 내가 이것을 가보로 보존하고 싶은 까닭은 이 호미가 닳고 닳도록 밭을 가꾸시며 자식들을 위하여 애쓰신 부모님의 손때와 그 마음이 담겨 있는 이 호미가 나에게는 그러한 보물들보다 몇 배 더 귀한 것이기 때문이라네.

나는 지금도 그 말씀을 잊지 않고 있다. 누가 어떠한 마음으로 챙기고, 의미를 되새기는가에 따라 자료는 보물도 되고 폐기물도 된다는 사실을 말이다. 그리고 지역문화를 대하면서 이때의 감상을 절대 잊지 않으려고 노력하고 있다.

또 이와 비슷하게 자료와 관련하여 많은 생각을 하게 한 나의 경험을 하나 더 소개해 본다. 대학원 수업을 하면서 '생애사'와 관련된 조사 리포트를 과제로 내 준 적이 있었다. 그때 제자 중에 중학교 교감이 있었는데 사실 그는 대학 때 나를 따르던 후배이기도 하였다. 내 성격을 잘 아는 그였지만 어쩌다가 리포트 제출기한을 허비한 뒤에 궁한 김에 농사꾼인 아버지의 생애사를 적당히 조사하여 제출하기로 마음을 먹었다. 그런데 그는 평소 아버지에 대한 불만이 많았다고 한다. 아버님은 다른 친구들의 아버지처럼 농토를 많이 가지지도 못하여 매양 가난하게 살았으며 특히 초등학교도 졸업하지 못한 분이었다. 그리하여 학생 때는 물론 신혼 초에도 그는 아버지로부터 경제적 도움을 받지 못했고 오히려 4남매의 뒷바라지를 장남인 그가 어느 정도 부담해야 하는 처지였다고 한다.

그런데 리포트를 작성하면서 그런 생각들이 달라졌다는 것이다. 즉 그는 금요일 아침 출근 전에 시골집에 들러 아버지에게 노트 한 권을 주면서 평생 살아 온 이야기를 모두 적어 놓으라 하였다. 대학원 숙제라는 말을 하면서 말이다. 그런데 우리 아버지들 대개는 아들의 학교 숙제에 매우 예민하시다. 그래서 하루 종일 겨우 깨친 한글 실력으로 걱정에 걱정을 하면서 더듬더듬 일생사를 적어 놓았다고 한다. 아들은 토요일 오후 노트북을 들고 아버지가 써 놓은 글을 2~3시간 타이핑하면 리포트가 되겠지 하는 생각으로 집으로 갔다. 그런데 노트를 보는 순간 짜증이 났다. 문장이 안 될뿐더러 무슨 말인지조차 알 수가 없었기 때문이다. 그는 그날 밤을 거의 새우다시피 하면서, 그리고 아버님을 마치 취조하듯 닦달하면서 새벽에야 과제를 마칠 수가 있었다고 한다. 그렇게 오래 아버지와 대화를 나눈 기억도 없다고 하며, 처음에는 취조와 불만으로 시작한 질문이 뒤로 가면서는 아버지의 말 못할 어려움이 이해되면서 자신을 되돌아보게 되었다고 한다. 그리고 문제는 그가 아침 일찍 집으로 돌아와 하루 종일 한 일은 시집가고 장가든 동생들에게 계속 전화를 한 것이었고, 그가 계속 강조한 말은 "너희들 아버님과 어머님께 전화는 했냐? 언제 집에 다녀왔냐? 부모님이 얼마나 고생했는지 너희들이 알기는 하냐?"였다.

자료를 어떤 시각에서 어떤 마음으로 보느냐에 따라, 주체를 누구로 하느냐에 따라 그 의미와 가치는 이렇게 달라지는 것이다.

땀 흘리는 비석 이야기

벌써 오래전 일이기는 하지만 경남 밀양에 있는 땀 흘리는 비석에 대한 이야기가 TV에 방영된 적이 있었다. 잘 알려져 있듯이 이 비석은 임진왜란 중에 승려의 몸으로 국난을 구한 사명대사 유정의 충절을 기리는 비석으로, 생전에 그가 나라를 위하여 노심초사하였던 것처럼 사후에도 국가의 환란이 있을 때마다 땀을 흘려 영험한 예언과 경계를 한다는 것이다.

과학자를 동원하여 문제의 사명대사비가 땀을 흘리는 것이 과연 영험해서인가, 아니면 과학적으로 나타날 수 있는 자연현상인가에 프로그램의 초점이 맞추어졌다. 방송사의 시도에 대하여 사람들은 많은 호기심을 가졌고, 시청률도 꽤나 높았던 것으로 전해진다. 그리고 결국 이 프로그램을 통해 대부분의 시청자들은 사명대사의 '나라사랑 정신'(?)이 자연과학의 논리 앞에서 허망하게 무너져 가는 모습을 보았을 것이고, 좀 성격이 급한 사람은 '역시 우리 조상님들이 참으로 아둔한 믿음'을 가졌음을 재확인하게 되었을지 모른다.

고도의 과학기술이 우리의 정신문화와 전통을 깨트리는 것도 문제이지만, 비석이 땀을 어떻게 흘리겠는가? 그것이 결로(結露)현상일 뿐이고, 기온차가 심하거나, 석질이 어쩌고저쩌고 해서 땀이 난다는 것을 어째 현대의 과학자나 프로듀서만이 몰랐겠는가? 아마도 그것이 바로 문화에 대한 생각의 차이가 아닐까 나는 생각해 본다. 그것을 증명해서 조상들의 무지몽매함을 들추기보다는, 우리 조상들은 왜 그런 믿음을 가지고 있었나를 궁금해 해야 하는 것 아닐까?

사실 우리가 주의를 기울여 보면 각처에 이 같은 영험함을 보여 주는 비석이나 부처님들은 매우 많다. 남원 실상사의 철불이 그러하고, 해남 우수영의 명량 대첩비도 그런 유형이다. 그런가 하면 마을의 신앙대상인 당산나

땀을 흘려 나라의 위기를
알려 준다는 밀양의 표충
비각. 비석이 흘리는 땀을
결로 현상이라고 해석하는
것과 민중의 현실인식의
전통을 우리는 구분할 수
있어야 한다.

무[堂치가 울어 재앙을 예고한다든가, 어느 마을의 우물은 특별한 우환의 조
짐을 샘물의 색깔로 예고하기도 한다. 대개 이는 초월적인 존재의 예시를
믿고 그에게 의지하고자 하는 불안한 민심을 반영하는 것이다.

그러면 과연 그것은 사실일까? 실제 그러한 조짐을 영험함과 신의 조화로
믿는 현대인은 거의 없을 것이다. '어쩌다 그렇게 된 것이겠지'라거나, '참으
로 재미있는 믿음도 다 있다'라는 정도의 흥밋거리에 불과할 것이다. 각박하
게 살아가는 현대인, 그것도 배움깨나 있는 사람들에게 이 같은 이야기는 참
으로 허황한 것이며, '아둔한 믿음(미신)'으로 보이는 것은 어쩌면 매우 당연
할지 모르겠다. 그런데 이 같은 부정적 인식을 가진 사람들이 믿고 따르는
서구사회에서도 이와 같은 비과학적이며 비논리적인 예화들은 수없이 많다
는 것을 우리는 알고 있다. 마리아 상이 피눈물을 흘렸다느니, 예수님의 피
가 아직도 굳지 않고 어떠하다느니, 사진에 예수님의 얼굴이 찍혔다느니 등
등…. 땀나는 비석을 폄하하던 사람이라면 그것을 보려고 아까운 외화를 낭
비하는 사람들이라고 해야 할 터이고, 존경해 마지않는 서구인들도 우리네

해남 우수영의 명량 대첩비. 이 비석
도 땀을 흘려 국운을 예지해 준다는
유적이다. 이런 사례는 남원 실상사
철불상에서도 보인다.

조상님들처럼 아둔하고 허황한 인종들이
었다고 해야 할 것이다.

비석이 왜 땀을 흘리는가? 부처님이 땀
을 왜 흘리는가? 사실 그것은 땀이라는 자
연현상으로 이해·설명될 성질의 것이 아
니다. 부처나 비석이 어떤 자연조건에서
농축된 수분을 머금게 되는가라든가, 그
것을 수치나 기계로 증명하려는 순간에
이미 인간이 믿고 의지하던 그 영험한 존
재는 없어져 버린 셈이다.

비석이 땀을 흘린다면 그것은 당연히
자연의 조화이다. 그리고 석질이나 주변
의 기후 변화에 따라서 땀의 양이 많거나
적기도 할 것이다. 그리고 과학적으로 말한다면 물론 이들 비석은 세워진
이후 수도 없이 많은 날에 땀을 흘렸을 것이다. 아마 사명대사비도 그간 수
백 번도 더 땀을 흘렸을 것이다. 그러면 그때마다 나라가 위태롭고 위인들
이 변을 당했단 말인가? 아니 그렇지 않았으니 땀나는 비석이야기는 역시
허무맹랑한 민초들의 무지의 소치인 것인가? 그러나 그렇게 생각하면 안 된
다. 나라가 평안하다거나 걱정이 없던 시절에는 민중들은 비석이 땀을 흘리
든 말든 무관심해서 '저 혼자 흘리고 마는' 것이고, 나라가 어지럽거나 민심
이 불안하면 민중들은 아침저녁으로, 혹은 밤낮으로 시간만 나면 비석의 조
짐을 예의 주시하면서 땀을 흘렸는지 안 흘렸는지를 확인하려 할 것이다.

비석이 땀을 흘렸다고 믿는다 함은, 이미 눈으로 그것이 확인되기 이전에
벌써 많은 민중들의 마음이 그것을 바라고 있었던 것일 경우가 많기 때문이

다. 역설적으로 말하면 민중들이 그렇게 느끼기 때문에 땀 흘리는 비석과 땀 흘리는 부처가 영험해지기도 하고, 민중의 염원을 대변하는 신비한 대상으로 간주되기도 한다. 저 유명한 계룡산의 『정감록』에는 우리나라를 진인(眞人)이 나타나 구해 준다고 기록되어 있다고 한다. 과연 그 진인이 누구일까 궁금했는데 결국은 그가 나타났다. 그는 바로 한국전쟁 때 유엔군을 한국에 파병하도록 주선한 트루(眞)+맨(人)이었다. 그렇게 믿기 때문에 그 같은 결과가 설명되는 것이고, 정감록의 위력은 당당해지는 것이다.

2) 지역 특성의 종합과 이해

연구자 중심의 마인드를 가지고 책상 앞에만 앉아 있으면 자료의 중요성은 알지만, 그 자료가 가진 태생적 모습이나 독자적 숨소리, 그리고 자료의 생산자와 현장 배경을 이해하지 못하며 상상할 수도 없다. 그래서 각각의 자료가 그냥 여러 자료 중의 하나로 논문의 필요와 의도에 따라 '활용'된다. 물론 그것이 틀리거나 잘못되었다는 것이 아니라, 지역과 관련된 연구 사례들에서는 자칫하면 서로 시기, 장소, 의식이 다른 자료들이 동일 평면 위에서 비교되고 정리되는 문제점이 자주 나타나서 문제이다.

20여 년 전 한 방송사에서 미모가 빼어난 여자 배우와 탤런트들의 이목구비를 합성하였던 기억이 난다. 그리고 하나로 합쳐 합성하면, 그 결과 '최고의 미인'이 나올 것으로 기대하였다. 그러나 그 결과는 최고의 미인이 아니라 무엇인가 설명하기 어려운 '괴물 같은 인상의 얼굴'이 나났던 기억이 난다. 서로 다른 지역의 분야별 자료들을 단순히 나열하거나 조합, 비교한다고 객관적인 결과가 나오는 것이 아니다. 물론 그럴 수도 있지만, 자칫 시각과 평가기준에 따라 독자적인 특성을 희석하고 문제점이 있는 것으로 오인할 수도 있기 때문이다.

처음 데이터를 수집할 때 여배우의 멋있는 눈매와 입술은 그 여인의 얼굴 속에서 조화의 아름다움을 뽐낼 수 있었던 것처럼, 지역문화 자료들은 그 독자적인 배경과 특성을 바탕으로 생겨난 것이었음을 잊지 말아야 한다.

지역문화의 종합성과 그 실용성

지역의 역사와 문화는 구조적·종합적 모습으로 파악되어야 생명력이 있다. 앞에서 든 것처럼 지역민의 주체적 인식과 지역의 특수한 문화들을 찾아내 설명하는 일도 중요하지만, 궁극적으로 그 특수한 내용들도 지역의 전체적인 문화적 정서와 흐름 속에서 하나로 연결되어야 한다. 지역적 특수성과 차별성을 객관적으로 정리하는 것은 지역문화 연구의 기본과제이자 결론일 수 있다. 특징이 나타나게 된 배경을 종합적으로 파악하고, 특수한 자료들을 지역민의 입장에서 구조화시켜야 하는 것이다. 그럴 때 각 지역의 문화가 다른 지역의 문화와 다른 점은 과연 무엇이며 어떤 특성이 있는가, 또 왜 그런 특성이 생겨날 수 있었던가가 명확히 규명될 것이다.

그러나 목표는 그렇다 하더라도 자료 발굴과 기술적 정리, 여기에 더하여 지역적 특수성과 상대성에 대한 평가를 정확히 하기란 쉬운 일이 아니다. 연구자는 객관성과 논리성을 확보하기 위해 학계의 해당 시기, 해당 분야의 연구성과를 먼저 정리하여야 하고, 그 보편성 위에서 지역 자료가 어떤 상대적 특성과 차별성을 갖는지 규명해야 하기 때문이다.

더욱이 이러한 지역적 특수성은 ① 같은 지역에서도 시기적인 변화과정이 있기 마련이고, ② 같은 시기에 있어서 지역간의 차별적 변화내용에 대한 비교 검토도 병행하여야 한다.

그리고 지역사와 지역문화는 한 개인의 문제가 아니라, 이를 가능하게 하는 공동체들의 이해와 지원, 주변 여건들이 총합적으로 연계되어 이루어진 것이다. 지역사와 지역문화는 상대적 계층성을 가진 문화 집단들이 상호 협조, 경쟁, 타협하면서 변화 발전하여 현재의 모습으로 형상화된 지역공동체의 산물이다. 따라서 이를 단순하게 나열하거나, 선입관과 편향적 인식으로 의미를 부여하고 만다면 이는 자칫 지역사의 실제 모습과 의미를 축소하고, 연구 수준을 낮게 평가하는 것이 될 수도 있다. 즉 이러한 상충과 타협의 변화과정상에서 가장 중요한 변수가 과연 무엇이었느냐라든가, 지배와 피지배층의 문화가 어떠한 상관 속에서 그 유기적 관계를 맺고 있는지를 통하여 지역적 특수성·차별성을 구체화할 수 있을 것이다.

이렇게 종합적 의식과 자료를 토대로 하여 지역 특성이 모색된다면, 돌출되는 문화특성이 나타날 수 있었던 탄탄한 '기반'과, 울창한 나무가 있었으므로 '그늘'도 짙어졌음을 예견할 수 있을 것으로 생각한다. 그리고 이 같은 지역과 시기의 차이, 그리고 계급성과 상대성을 제대로 이해하였을 때, 자료의 해석상에서 왕왕 발견되는 바처럼 '같은 자료'가 전혀 반대의 논리에 이용되는 우는 결코 범하지 않을 것이다.

끝으로 문화사, 종합사, 생활사로서 가치가 큰 지역문화는 문화의 종합성을 이해하는 데 있어서 우리에게 아주 귀중한 경험을 제공한다. 나는 지역문화의 종합성을 제대로 이해한다면 그 커다란 실용성과 지혜가 우리에게 전해질 것으로 믿는다.

우선 지역사와 지역문화에 대한 종합적 이해는 첫째로 나의 역사, 우리 지역의 전통문화에 대한 문화적 정체성을 느끼게 한다. 그리고 이는 문화적 자긍심으로 이어진다. 둘째는 중앙문화와 다른 특성과 배경을 가진 지역문화를 올바른 시각과 의식을 가지고 바라보면 다양한 평가가 가능하고, 이를 통하여 통찰력, 적응력을 얻게 된다는 점이다. 다음으로는 지역문화의 다양한 자료들을 조사 정리하는 과정에서 수많은 상상력이나 다양한 문화현상을 아우르는 문화감성과 지혜를 얻게 될 것이라는 점이다. 나아가 지역문화가 지닌 무수한 변수에 대한 이해는 다양성과 상대성을 지닌, 살아 숨쉬는 자신의 역사와 문화를 더욱 살찌울 것이며, 자신의 문화인식 폭과 깊이를 향상할 것으로 믿는다.

중앙사와 지역사, 보편사와 특수사

중앙 중심의 큰 역사 흐름은 매우 중요하다. 그러나 모든 지역이 이 중앙의 틀에 맞지는 않는다. 각기 다른 양상과 변용, 대응방식을 가지고 선택한 지역의 길이 있다. 나는 그것이 지역사이고 지역문화라고 생각한다.

그런 점에서 안동의 역사와 문화는, 우리의 지역사나 지역문화를 체계적으로 이해하고자 하는 사람들에게 있어서 매우 좋은 연구거리들을 지닌 곳이다. 그리고 연구 방향과 모델의 제시, 시험의 과정에서도 매우 의미 있는 대상지역이다.

주지하듯 안동의 역사와 문화는, '퇴계'로 상징되는 선비문화와 '하회탈'로 상징되는 민속문화가 유명하다. 그런데 자세히 살펴보면 그래서 우리 '지방사'나 '지역사'를 체계적으로 이해하고자 하는 사람들에게 매우 좋은 아이디어를 제공해 주는 사례지역이다. 중앙의 정치사와 대립 갈등하면서도 독자성을 잃지 않는 토착적인 지역사의 특성들이 시대별로 계속 나타난 안동의 특이한 역사, 문화는 정말 다양한 모습으로 시대별 파노라마를 엮어 왔다.

안동지역에서 주로 보이는 전탑들, 후백제와 고려의 각축 속에 입지를 지니는 지방세력들, 공민왕과 연관되는 의식 분위기, 뒤이은 조선개국공신과 절의파 사림의 배출, 퇴계를 종주로 하는 영남 남인의 연수, 뿌리를 같이하는 사족(士族)과 이족(吏族)의 분기와 공존모습, 선비문화와 짝하는 민속문화의 맥, 그리고 오늘에까지 이어진다고 볼 수 있는 한말-일제강점기 보수와 개혁세력의 쟁쟁한 활동, 그런가 하면 진보적인 가톨릭 기반 등 실로 어느 하나 속단할 수 없는 모습들이 연이어진 곳이 바로 안동이다.

이처럼 안동은 문화권으로서의 특성이 매우 강하여, 안동의 특이한 역사와 문화는 다양한 모습으로 시대별 파노라마를 엮어 왔다. 그리고 중앙의 정치사와 대립·갈등하면서도 독자성을 잃지 않아 주변지역에 강력한 영향력을 지닌다. 그리하여 '안동'이라는 문화 브랜드와 이미지도 뚜렷한 곳이다.

이같이 서로 다른 문화가 공존하고 있던 안동의 모습은, 결코 외지인들이 보물처럼 여기는 퇴계와 하회탈만으로는 온전하게 설명될 수 없으며, 다른 부면들까지도 포함된 안동의 종합문화성이 보다 수준 높게 인식될 때, 안동의 퇴계와 안동의 하회탈놀이도 올바른 의미를 되찾게 될 것으로 보인다.

또 다른 예로 영남의 상징적인 지역인 진주를 살펴보자. 진주지역도 문화를 이야기할 때 논란과 연구거리가 아주 많은 지역이다. 진주도 기존의 연구에서 지적한 바처럼 경상우도의 행정, 문화중심지라는 점과 진주성 전투로 대표되는 왜란기의 의병항전, 남명학파의 본거지 등등이 우선 지목된다. 그러나 이 밖에도 지역사의 측면에서 보면 나제의 문화가 가장 활발하게 교류했던 길목, 여기에 최씨정권과 연결되는 고려시대의 진주세력, 조선초 개국기의 진주세력, 지리산과 섬진강을 사이에 두고 전라좌도와 밀접하게 교접하는 의식의 교류, 남인학맥의 본거지이면서 조선후기 노론세력의 공략이 집요하던 곳 등등 진주문화권의 특성들은 수도 없이 많다.

물론 필자의 이러한 지적들은 아주 피상적인 것이고 충실한 연구에 기초한 논의는 아니기 때문에 다소 잘못 파악된 것일 수도 있다. 그러나 중요한 것은 그 파악의 잘잘못이 아니라, 이 같은 시각을 갖는 것이 지역사 연구에서 중요하다는 점을 지적하려는 것이다.

진주는 지리적으로 낙동강과 섬진강의 사이에 있으면서 남해로부터 내

안동 하면 먼저 떠오르는 문화 이미지는 퇴계와 하회탈춤이라고 한다. 그러나 이 밖에도 안동문화권의 시대별, 분야별 문화특성들은 아주 다양하고 이채롭다. 이들이 서로 얽히고 얽혀서 안동지역 문화를 이루고 있다. 지역의 입장에서 지역문화를 종합적으로 인식하는 자세가 필요하다.
(한국서원의 상징 도산서원 / 영남유학의 종주인 퇴계 이황 / 안동 운흥동 오층전탑 / 안동 이천동 마애여래입상 / 하회탈과 하회별신굿)

류과 전라도로 진출하는 길목에 해당된다. 육로가 되었건 해로가 되었건 이 중요한 지리적 위치는 고대사회로부터 전근대사회 전 기간 동안 변함없이 중요했다는 점을 우리는 주목하여야 한다. 그것이 바로 진주지역의 문화상을 결정짓고 특성 있는 모습으로 남게 하였을 것이기 때문이다. 진주의 토착지배세력이나 역사적 사건만이 아니라 설화나 민요, 민속과 의식상에도 이같은 문화권역의 독특함은 전통적으로 남아 전할 것으로 필자는 믿고 싶다. 바로 이러한 문화적 공통점을 유기적, 총체적으로 파악하려는 노력이 지역사 정리의 기본 방향이라고 필자는 생각한다. 연구자에 따라 의병가문의 충절만이, 학맥의 우수성만이, 근현대사의 형평운동만이, 민속 중의 특수한 부면만이 확대 포장되기보다는 이들 모두가 하나의 연결고리로 묶여 있는 진주의 모습을 연대하여 파악하려는 의지가 없다면 지역사의 복원과 정리는 아직도 기초단계에 머물고 있다고 할 수 있을 것이다.

탄금대와 중원탑, 그리고 충주의 역사

이와 관련하여 또 하나의 예시를 하여 보고자 한다. 충주는 각 시대별로 수많은 문화유적을 간직한 곳이며, 그래서 '중원문화'로 지역 특성을 정리하기도 한다.

이중환은 그의 『택리지』에서 충주를 "경상좌도에서는 죽령을 지나 충주와 통하고, 경상우도에서는 조령을 지나 충주와 통한다. 두 개의 고개가 모두 충주에 와서 모여 뱃길로 혹은 육로로 한양과 통한다. 충주만이 경기도와 영남을 왕래하는 요충지에 해당하므로 유사시에는 반드시 전장이 될 것이다"라하여 교통의 요지이자 전략적 요충임을 지적했다. 우선 이중환의 이러한 지적은 역사를 주의 깊게 살피지 않은 사람들에게도 신립 장군의 탄금대 전투나, 문경 새재(조령)를 보면서 '맞아! 맞아!'라는 생각을 하게 만든다.

그러나 충주지역의 문화와 역사를 조금만 더 자세히 들여다보면 이 같은 탄금대 전투나 조령의 이야기 외에도 우리나라의 전 역사상에서 충주가 전략적으로 주목되었던 여러 흔적들을 수없이 만나게 된다. 그 대표적인 유적이 바로 중원고구려비와 중원탑이다.

충주지역은 삼국시대 고구려와 백제, 신라의 교착 지대였다. 신라는 일찍부터 북방으로의 진출로를 개척하기 위하여 애써 왔는데 그 흔적이 바로 계립령(충주)과 죽령(단양)이다. 말하자면 충주는 처음에는 신라의 북방한계선이었던 셈인데, 고구려가 남진정책을 추진하면서는 고구려의 개척지점으로 변하게 된다. 즉 고구려는 충주에 국원성을 설치하여 남진의 전초기지로 삼는다. 그 흔적이 바로 충주에 남아 전하는 중원고구려비(421~481년, 혹은 449년 건립 추정)이다. 그러나 고구려의 남진에 위기를 느낀 신라와 백제는 485년 혼인동맹을 맺고 이 지역을 탈환하게 된다. 550년에 건립된 단양적성비는 이러한 일련의 과정을 말해 주는 유적이다.

그리고 우리가 잘 알고 있는 탄금대와 우륵의 이야기도 신라의 한강 유역 진출의도와 결과를 보여 준다. 551년 진흥왕은 한강상류를 순행하고, 우륵을 탄금대로 이거시켰다. 555년의 진흥왕 북한산 순수비와 뒤이은 557년에 충주에 국원소경을 설치하고 귀족자제와 6부 호민을 이주시킴으로써 한강 유역 장악의 완벽한 교두보를 마련하고자 하였던 것이다.

우리가 잘 아는 온달 장군이 영양왕에게 "계립령과 죽령 서쪽의 실지를 회복"하겠다고 맹세하는 것이나, 김춘추가 고구려에 원병을 요청하였을 때 고구려가 계립령과 죽령의 반환을 요구한 것은 이 지역에 대한 고구려의 집요한 의지를 보여 준다. 이러한 수차례에 걸친 공방 속에서 끝내 중원지역을 손아귀에 넣은 신라는 결국 삼국통일의 대업을 완수하게 되고, 그것을 기념하는 뜻에서 충주지역에 중원경 설치(757년)와 함께 중원탑(탑평리 7층 석탑,

고대부터 남한강 유역의 전략의 요충으로 주목받던 충주 탄금대. 이곳에는 중원고구려비와 우륵의
탄금대, 통일신라시대의 중원탑, 그리고 대몽항쟁의 현장인 충주산성과 문경 새재도 가까이에 있다.
(중원고구려비 / 문경 새재 조령관문 / 우륵상 / 중앙탑 / 충주 탄금대)

국보 제6호)을 건립하게 된다.

이 같은 충주의 지정학적 위치는 그 이후의 시대에서도 어김없이 숱한 역사 흔적들을 남긴다. 후삼국시대에 왕건이 이 지역 세력을 아우르기 위하여 벌이는 각종의 회유 정책들도 따지고 보면 시대만 다르지 비슷한 목적을 지닌다. 고려 초기에 왕건은 충주세력을 포섭하고자 충주 유씨의 딸을 제3왕비로 맞이하여 외척으로서 그 위세를 드날렸고, 그들이 만든 철불과 사찰이 유적으로 남아 있다.

몽고족이 쳐들어왔을 때 충주는 항쟁의 거점이었으며, 임진왜란 때에는 경상도지역으로부터 서울로 향하던 왜적이 충주를 공략하지 않으면 안 되었기에 조령을 넘어 충주 탄금대에서 신립 장군과 일전을 벌였다. 사실 잘 알려지지 않아서 그렇지 영조 대에 이인좌의 난이 일어났을 때 토벌군이 주둔했던 사실이나 진주민란 때 주모자의 한 사람인 이필재가 포획된 것, 한말에 이강년 의병장의 활동무대이면서 동학농민군의 주요 진출로로 충주 일대가 선택되는 등등은 모두 충주가 교통의 요지이자 전략 요충임을 말해 주는 대목이라고 생각된다.

단순한 부분사가 아니다 — '소외와 한'의 전라도 역사?

지역사 다시 보기의 구체적 예시로 전라도의 역사를 살펴보기로 하자. 전라도 역사와 문화를 이해하려면 무엇보다도 천혜의 풍요로운 자연·인문환경, 그리고 선사 이래 서남해안을 무대로 펼쳐진 바닷길을 주목하여야 한다. 전라도의 역사에서 보이는 크고 굵은 흐름들이 대개 이 풍요와 바닷길을 배경으로 이루어졌기 때문이다. 이 바닷길은 정치·경제·문화의 이동로이자, 중국·일본을 연결하는 대외 교역로였다. 한반도에서 가장 고인돌이 많이 남겨진 곳, 어디에서도 유례를 찾기 힘든 영산강 유역의 대형옹관묘 문

장보고가 활약했던 청해진 옛터인 완도의
장도. 전라도 문화는 영산강과 서남해로의
풍요로운 환경과 지리적 이점을 활용한 것
이면서, 동시에 삼별초의 진도항쟁이나 왜
란기의 침탈 등등 그로 인한 사회경제적 유
리한 조건들은 수많은 역사의 굴곡의 배경
이 되기도 하였다.

화순 운주사 와불. 아직도 일어나지 못하고 누워 있는 이 운주사 와불은 그 역사적 사실이 밝혀지지
않은 채, 민중의 기원을 담았던 유산으로 일컬어진다.

화, 청해진 대사 장보고의 행적, 강진의 청자문화발달, 삼별초와 진도 항쟁
등이 그러한 흔적들로 이들 모두는 결코 전라도 지역이 역사의 변방이 아니
었음을 잘 말해 준다.

　그러나 천혜의 지리조건과 바닷길을 이용한 깊은 문화의 저력을 가진 전

라도는 정치적으로 그 역할을 충분히 구가하지 못하였다. 결과론이긴 하지만, 예컨대 백제에게 마한이 멸망했고, 백제는 신라에게, 장보고의 청해진세력은 경주세력에게 견제당한다. 또 후백제 견훤은 왕건에게 복속되었다. 그런가 하면 삼별초와 함께 여몽연합군에게 저항하다 피해를 보았고, 이상하게 조선건국에도 반발하다 무등산과 지리산이 불복산으로 낙인찍힌다. 그래서인지 호남문화·전라도문화 하면 대부분의 사람들은 먼저 왕건의 훈요십조에서 거론되는 호남 차별, 그리고 소외·한·저항으로 인식하는 반골적 역사를 떠올린다.

이 밖에도 우리가 조금만 신경을 쓰면 전라도 역사에서 보이는 궁금증은 수없이 많다. 영암 구림에서 태어나 일본에 유학을 전했다는 왕인 박사는 누구이며, 천 개의 탑과 천 개의 불상이 있는 화순 운주사는 누가, 언제 세웠을까. 국보로 지정된 청자 중 90%가 강진에서 만들어졌다고 하는데 그 외진 곳에서 어떻게 그 많은 청자를 제작할 수 있었던가? 강진은 고려정부와 어떤 인연이 있었을까? 민중신앙의 표상이자 변혁정신의 상징인 지리산의 역사와 문화는? 또 다산 정약용과 호남실학, 호남사림의 충절정신과 호남의병 등등 모두가 그렇다.

유적답사와 문화현장에서는 수많은 이야깃거리들과 의문, 상상들이 꼬리를 물고 이어진다. 그래서 역사와 문화는 과거보다 오히려 현재에 더 힘차게 살아 움직이는 것이다.

그런데 불가사의한 일은 이런 정치적 소외와 홀대(?), 견제가 연속되었다면 당연히 '반감과 저항'이 있을 만하고, 그 대상은 왕실(봉건정부)이거나 지배층이었어야 했을 것이다. 그러나 전라도인들은 「민족」이라는 커다란 굴레를 끝내 잊지 않고 그 구성원으로서의 힘찬 의지를 시혜받은 타 지역에 앞서 몸으로 구현해 냈다.

특히 한국 근·현대사에서 반봉건 민중으로 상징되는 동학농민항쟁, 한말-일제강점기의 의병항쟁과 광주학생운동 등 반외세 민족운동의 큰 기치가 모두 이곳에서 크게 솟아올랐다는 사실을 간과할 수 없으며, 비록 좌우익 논쟁으로 사장되어 버리긴 하였으되 민중조직운동의 현장들이 이 전라도 땅에 수없이 많음도 기억되어야 할 것이다. 아울러 5·18 광주민주화운동까지도 이 같은 역사적 경험과 정신사적 맥락의 연장선상에서 함께 정의 내릴 수 있어야 한다고 믿는다.

그리고 이 문제들이 전라도만의 문제인가 하면, 사실은 한국사 해명의 가장 구체적인 문제들이다. 다만 그 생생한 현장이 전라도일 뿐 사실상 우리 민족사의 분기점을 이루는 전체사의 문제들이자 우리 문화사의 실속을 채우는 알맹이들이다. 바로 이러한 수없이 많은 수수께끼와 의문들이 우리 앞에 튀어나와 질문을 던지고, 토론을 기다리고 있다. 바로 이것이 전라도 역사, 아니 모든 지역사의 본질인 것이다.

문화유산들이 말해 주는 지역문화

필자는 문화유산을 조사하고 자료를 정리할 때에 생성 배경으로 지리적 요인과 역사적 배경을, 그리고 변천 특성을 통하여 지역문화의 다양한 실상을 찾아 정리하려고 노력한다. 문화는 ① 배경, ② 시기, ③ 주체들의 문화의식이 합쳐져 이루어 낸 조합물이며, 그것이 차별성·다양성을 지니고 자체

성장을 해온 것이기 때문이다.

지역마다 수많은 '성터유적'이 있다. 대체로 산성은 사방의 경계가 좋고 접근로를 차단하는 요충에 설치되고 있다거나, 행정성(行政城)이 교통의 요지에 위치하면서도 적절한 방어의 조건을 갖추고 있으며 병영(兵營)이나 진영성(鎭營城)은 육로와 수로의 요충에 은폐되어 있다. 그리고 이에 관한 많은 연구조사, 발굴조사 보고서들은 대개가 대학의 연구소나 박물관 같은 기관에서 만든 전문연구물들이다. 또 그 내용을 보면 거의가 유사한 항목구성으로 예컨대 지리개관, 연혁, 성곽과 성축구조, 시설배치, 출토유물 등이며 이 중에서 성곽 자체에 대한 구조적인 내용이 거의 90%를 차지하고 있다. 물론 이를 통하여 해당 성터의 시대나 구조, 성격은 분명하게 정리되었다고 볼 수 있을 것이다. 그러나 이는 전문 연구자의 입장에서 볼 때 그렇다는 것이고, 지역사 연구자의 입장에서 보면 아쉬운 것들이 너무나도 많다.

예를 든다면 그 성터유적과 당시의 지방세력과는 어떠한 관계에 있었는지, 성터와 주변의 유적들과는 어떠한 상관성을 가지는지, 성곽의 기능과 운영의 실상, 그리고 주변지역과의 상관성이나 접촉양상, 사회경제적 비교 우위 등은 과연 어떠했는지 등이 그것이다. 특히 이곳에서 살다 간 인물들의 역사와 성터를 보는 주민들의 의식은 어떤 것이었는지, 나아가 고문서나 비석, 교통망, 지명이나 설화 민담 속에 배어 있는 지역문화의 모습들은 찾을 길이 없다. 아마 이런 점들이 지역사 연구자의 성터유적에 대한 궁금증이 아닐까 생각된다. 즉 이러한 자료들이 망라되었을 때 성터유적은 해당 지역의 지역사 속에서 살아 숨쉬는 유적으로 어느 정도 제 가치와 본래의 모습을 지니게 될 것이다. 그리고 이러한 성터를 만들자고 주장한 사람들, 설계하고 만든 사람들, 이곳을 지키고 이곳에서 싸운 사람들, 뒤에 중수한 사람들, 유적을 탐방하고 시문을 남긴 사람들 등등 우리에게 수많은 이야깃거리

충남 당진 안국사지 석불. 이 유적은 지역문화의 위상과 성격을 보여 준다. 이 석불의 조성 시대는 언제이고 주체는 과연 누구일까?

들을 제공할 지역사람들의 이야기가 어려 있는 것이다.

필자가 조선시대 충청 수영성이라는 군사문화유적에 대하여 "충청 수영의 역사문화사적 가치"라는 주제로 연구발표를 하면서 경관, 역사변천, 조운(漕運), 조선(造船)은 물론 성리학자들의 호락논쟁, 이양선과 천주교 순교, 동학농민군과 충청수영성을 아울러 살피는 등 이러한 문화유산의 종합적 이해에 주력하고자 하였던 것도 실은 이러한 노력의 일환이었다.

또 다른 예로 필자는 충남 당진의 안국사지 석불에 대하여 관심을 가지고 살펴본 적이 있다. 안국사지 석불은 보물로 지정된 중요 문화유산임에도 연구가 불교미술사로만 정리되어 있고, 그 조성 시기나 주체에 대한 무관심으로 확실한 지역문화 배경이 전혀 거론되지 않고 있었다. 그리하여 필자는 그 아쉬움을 「안국사지 석불과 매향암각의 조성주체」(『역사민속학』 22집, 한국역사민속학회, 2006)라는 논문에서

- 안국사의 창건과 변천사
- 안국사지 석불조성 시기문제
- 안국사 석불 조성의 주체
- 매향 암각과 민중들의 안국사

등으로 정리함으로써 유적의 조성시기와 변천사, 조성 주체, 그리고 지역적 성격에 대한 내용을 종합적으로 규명하고자 했다.

충남 논산의 개태사는 고려 태조 왕건이 후백제와의 경쟁에서 최후의 승리를 거두고 삼국통일의 위업을 이룬 기념으로 세운 사찰로 유명하다. 일반인들에게는 보물 제219호로 지정되어 있는 개태사지 석조삼존불입상이 잘 알려져 있고, 특히 최대 규모를 자랑하는 개태사지 철확(충남 민속자료 제1호)의 일화는 여러 형태로 회자되고 있다. 그러나 이 사찰이 고려 태조 왕건의 어진(御眞)이 모셔진 성지(聖地)로서 호국(護國) 신탁(神託)과 도참(圖讖)의 명소였음을 아는 사람은 그렇게 많지 않다. 우리는 왜 이곳 연산 천호리 일대에 개태사라고 하는 그토록 크고 중요한 의미를 가진 역사·문화유적이 자리 잡게 되었는가에 주목할 필요가 있다.

필자는 이러한 개태사를 조사하고 「연산 개태사의 지역문화사적 성격」(『역사민속학』 26집, 한국역사민속학회, 2008)이라는 연구논문을 작성하면서

- 연산지역의 문화사와 개태사
- 개태사 일대의 전략지리적 성격
- 호국, 도참사상과 개태사
- 조선후기 민중신앙과 개태사 전설
- 개태사의 영광과 뒤이은 사족들의 정착

등으로 개태사의 역사를 통하여 연산 지역의 통시대적, 관련 역사와 문화 분야들을 망라하여 지역사로 정리해 보았다. 이러한 관점과 연구시각은 해당 지역의 역사문화상을 정리하고 이해하는 데 매우 유용하고 의미가 있다고 생각한다.

제 3 장

—

필요한 역사학과 민속학의 만남

—

지역문화와 마을문화에 관심을 가지는 학문분야로 역사학과 민속학은 동업자(?)일 때가 많지만, 때로는 동상이몽으로 서로 다른 시각과 관점을 가지기도 한다. 대개 그러한 차이가 나타나는 이유는 기록된 자료를 중심으로 하는 역사학과 현장의 전승 자료를 정리하는 민속학의 차이, 또 역사적 변천과 구조적 종합성에 대한 이해가 서로 다르기 때문으로 보인다. 그러나 이제는 역사학과 민속학이 서로 교류하고 만나야 한다. 쓰여진 자료와 쓰여지지 않은 자료가 만나서 대화를 하고, 변천사와 구조사가 만나야 지역민 주체의 생활문화가 종합적으로 복원될 것이기 때문이다.

1. 한국사와 생활문화사

역사 기록과 민중생활사

과연 우리 역사상에서 민중들의 삶과 문화는 어떤 모습이었을까? 또 때때로 우리가 시도하여 보는 역사나 문화에 대한 추측과 상상은 과연 몇 점짜리 타당성과 사실성을 가지는 것일까?

막연하고 궁금한 이들 문제에 대하여 적절한 답을 주는 연구와 안내는 찾아보기가 쉽지 않다. 그것은 이제까지의 한국역사·문화사 연구가 대부분 중앙과 지배권력층 그리고 고급문화 중심으로 이해되고 가르쳐짐에 따라 그 지식이라는 것도 제도나 인물, 사건, 연대의 범주에서 맴돌고 있었기 때문이다.

사실 서구 역사학에서는 이 같은 생활사에 대한 관심이 일찍부터 있어 왔고, 매우 다양한 연구방법과 접근방법론을 개발하여 그 위상이 확고한 실정이다. 역사적 사실이 골동·박제화되지 않기 위해서는 그것이 가능했던 당시대의 생활사가 보다 면밀하게 이해되어야 한다. 그러나 한국역사학에서는 이상스럽게도 생활사 분야가 거의 주목되지 않아서 많은 사람들은 특별한 경우가 아니라면 대개 이러한 역사지식이나 호기심을 사극이나 역사소설류를 통하여 채울 수밖에 없었다.

그리고 보다 큰 문제는 이 분야 연구의 주도권을 역사학보다는 오히려 민속학이나 인류학이 가지고 있었다는 사실이다. 역사학이 이 분야 연구를 방기하거나 도외시하였다는 말이 그래서 나오는 것이다. 그 같은 경향은 실증

대관령 산신당의 아침 안개가 신비스러움을 더한다. 고려시대에는 지역신으로 산천신, 성황신이 추앙되었고 그중 대부분은 인물신으로 지역 토착세력을 상징한다.

중심의 역사학이 대개 '기록된 자료'를 토대로 연구하는 데 반하여, 타 연구분야들은 상대적으로 '기록되지 않은 자료'에 대해서도 관심과 이해를 가지고 있었기 때문이다.

또 필자가 앞에서도 언급한 바 있듯이 한국사의 전개과정 속에서 민중의 생활과 의식, 민중의 사회적 대응에 관한 연구는 그렇게 활발하지 못하였다. 대체로 그러한 내용이라 해도 '민속'이라는 광범위하고, 때로는 정체성마저 불투명한 상태에서 방임된 채 존재했다. 즉 중앙, 지배층 중심의 일방적 가치에 의하여 평가된 것들이 대부분이었던 것이다. 혹자는 그래서 흔히 역사가 '승자의 기록물'이라거나 '지배층의 자전'이라고도 한다. 이 말의 진위나 평은 뒤로 미루고서라도 그 말뜻의 일부에는 '패자'나 '기층민'에 대한 역사기록의 무책임을 뜻하는 측면이 일부 있음을 인정해야 한다. 따라서 이를 그대로 역사자료로 활용하기에는 문제점이 있다. 이 같은 대상자료의 기본적 차이는 보다 원활하여야 할 두 학문 간의 연관 검토를 더욱 어렵게 하고 있는 것이다.

물론 역사학에서 민중사 연구가 일부 진전되면서 그 연구영역이 일부나마 확보되었다고 할 수 있다. 그러나 역사학의 민중사 연구경향은 그 근본시각이 민중생활사가 아닌 '변혁운동사'의 차원에 집중된다는 한계를 지닌다.

충남 당진 기지시 줄다리기 모습. 단
결과 협동을 상징하는 민속놀이로 알
려지지만 사실은 풍년을 기원하는 기
풍 행사로 남녀줄이 합쳐지는 것이 절
정이었다.

민속학과 민중생활사 연구

1980년대까지만 하여도 생활문화사 연구는 민속학의 전유물이었다 해도
과언이 아니다. 그리고 대부분의 민속학연구들은 기록된 자료보다 그렇지
않은 생활문화 전승 자료를 활용하고 있으며, 연구분야도 신앙, 의례, 의식
주, 놀이, 민요 등 민속문화 전반을 다루었다.

그러다가 1980~90년대 역사학 부면에서 변혁운동에 관심이 집중되면서
한국사의 전개 과정 속에서 민중의 생활과 의식, 민중의 사회적 대응에 관한
관심이 증대되고 민중문화, 민중생활사에 주목하는 연구들이 생겨나기 시
작하였다. 그러나 이러한 역사학의 민중사 연구경향은 그 근본시각이 민중
생활사가 아닌 변혁운동사에 집중되고 있었기 때문에, 역사학과 민속학이
접목될 민중생활사의 이해에는 소홀하였다.

생활문화 연구를 주도했던 민속학은 현장을 중시하며, 전승되는 문화상
들을 제보자들의 경험과 구연을 통하여 정리하여 왔다. 그리하여 다양한 분
야별로 기층 민중의 문화가 조사 정리되었다. 그럼에도 지금까지의 민속
학 연구상에서 보이는 아쉬움은 적지 않다. 민중생활사나 민중사의 변천 연

전통가옥의 여러 개 문간들이 자연스럽게 겹친 모습. 이 모습에서 우리는 전통문화의 경험과 실용성의 깊은 의도를 엿보게 된다.

구가 올바르게, 혹은 종합적으로 진행되었다고 보기는 어렵기 때문이다. 우선 첫째의 문제는 민속학 연구에서 당연히 담보하였어야 할 '역사적 전개 양상의 차이'를 거의 가시화하지 못하였다는 점이다. 각개 민속문화들이 과연 역사적으로는 어떠한 위상을 지니는 것인지, 또 그것들은 과연 어떠한 자체 변천과정을 거쳐 그 지역에, 그런 모습으로 남아 있는 것인지에 대한 명확한 설명이 없는 데서 제기되는 문제점이라 할 수 있다. 물론 각 조사자나 연구자들은 차별성을 계속 강조하고 있으나, 조사방식과 대상, 시대성, 결과물의 해석(시각, 문제의식)을 감안할 때 과연 그것이 몇 퍼센트짜리 경향이냐를 정확하게 점검하기 어렵다. 더욱이 역사학의 입장에서 보면 이미 나타난 현상에 대해 해석할 때도 과연 그것을 보편이라고 해야 할 것인지 특수라고 해야 할 것인지 혼동이 되는 경우가 많다.

민속문화는 그 시대배경과 변화과정의 산물이라는 개념을 항상 염두에 두고 다른 지역과 비교하여 그 지역적 성격을 충분히 점검할 필요가 있다. 비록 그것이 다른 문화요소에 비하여 완만한 변화를 지녔다 하더라도 그것은 마찬가지이다. 다만 기존의 민속 연구 방식이나 대상, 시각으로는 이러한 민중생활사의 본질적 문제들을 총체적으로 파악하기는 어렵기 때문에 역사학과 민속학, 인류학, 사회학이 서로 만나 그 목적을 함께 달성해야 한다.

다음으로 민속학, 민중생활사에 대한 일반인의 시각과 경향도 문제이다. 예컨대 민속학의 대상을 피지배 계층의 문화로 보려는 계급적 시각이나, 민속문화를 '유구한 세월 동안 전승되어 온 민족문화의 뿌리'라고 보는 아주 순박한 환상에서도 빨리 깨어날 필요가 있다고 본다. 그리하여 민속은 '원형적'이라는 것으로 미화되어는 있으나, '민중생활사'를 조잡·산만·다양한 상태, 정교하지 못하고 비체계적인 것으로 보는 사람들도 적지 않다. 그리고 잔존문화에 대한 호기심의 측면(기습, 괴습, 기벽)에서 특수 사례로, 혹은 지배문화가 지닌 보편논리나 통일성, 일관성, 의식(가치관) 등과 비교하여 민속문화를 '낙후=주변=아류'로 평가하기도 한다.

특정 시대, 특정 지역의 문화는 모두가 각기 다른 내적 구조나 외적 조건과 상응하여 결과로서 형태를 남긴다. 역사적 조건과 사회경제적 조건, 주민의 의식이 동시에 마련해 낸 이러한 문화들은 모두가 자기의 숨소리와 색깔, 내음을 지니게 된다. 이 같은 지역성이나 다양성, 변화의 모습을 통하여, 그리고 그것이 지닌 보편성과 특수성을 발견할 수 있을 때 우리는 한국민속사의 흐름, 나아가 한국 역사상의 민중생활을 보다 철저하게 이해할 수 있을 것이다.

물론 민속이 다른 분야에 비하여 잘 변하지 않는다든가 통시대성이 있다는 점을 충분히 인정한다 하더라도 민속문화는 각 시기, 각 지역의 사회경제적 조건, 즉 생산력 수준이나 기술, 사회제도와 조직의 변화 등이 배경이 되어 나타난 결과물로 보아야 할 것이다. 그런데 이러한 민속문화가 주로 국문학자들에 의하여 연구, 조사가 진행됨으로써 단편적이고 기능적인 요소만이 열거되고 상대적으로 시대성에 대한 이해는 등한시하게 되었다고 지적하기도 한다. 물론 이러한 평가에 필자는 전적으로 동감할 수는 없지만, 역사성의

향교 제향에 참여한 유림들. 제향의례는 단순한 제사로서 의미만 있는 것이 아니라 같은 지역 지성들의 모임 문화이자 네트워크를 상징한다.

부족문제는 분명하게 극복하여야 할 대상이라고 주장하고 싶다.

특히 민속문화의 전통성과 고정성은 그 나름으로 분명한 설명 틀을 가지고 있다고 할 것이다. 특수상황이 전승되고 집적되기 위해서는 집단성을 가진 전승주체들의 이해와 지원, 주변 여건이 총합적으로 마련되어야 할 것이고, 여기에 새로운 문화의 추가나 팽창, 재결속의 양상도 없지 않았을 것이다. 민속문화는 이렇게 복잡한 자체 변용과정과 시대성 반영의 결과로서 잔존하여 왔던 것이다. 따라서 이들이 노출되도록 연구해야 할 것이고 역사와 민속, 사회경제사와 민속의 상관성도 종합적으로 점검, 연결하여 이해하려는 관점이 필요하다. 민속문화가 아무리 원형을 잘 복원하였다거나 각개 기능의 의미를 충실히 번안해 냈다고 하더라도, 그 문화 자체의 변화상이나 사회성, 조직성이나 역동성을 담보하지 못한다면 문제가 있다는 것이다.

마을문화 연구의 경향과 관심들

지금까지의 마을연구는 주로 ① 한말-일제강점기를 거치면서 변형된 마을사회 자료를 대상으로 한 사회학·인류학 연구, ② 전승 민속자료들을 현지 조사한 민속학 연구가 대부분이고, 그것도 거의가 특정 성씨로 대표되는 동족마을 사례였다. 역사학의 입장에서 보면 이러한 마을연구들은 마을변화와 마을민의 의식을 계기적으로 확인하는 데 제한이 많고, 대체로 굴절된 민속의 모습을 구분하지 않은 채 단층적 혹은 현 시태로서 분석한다는 점에 문제가 많다고 할 수 있다.

물론 현재 살고 있는 주민이 가지고 있는 민속이해 수준도 중요하다. 바로 그들이 문화를 활용하고 전승할 주체이기 때문이다. 그런데 문제는 문화의 급변, 말기적 변천사, 가치혼돈, 전승의 한계라는 현대문화의 굴절된 의식이 개재되는 것이다. 현재 마을에서 전승 생활문화를 이야기해 줄 어르신은 80세가 족히 넘은 분들일 것이다. 그러면 1930년대에 출생한 분들이다. 대체로 사람이 세상의 물정을 이해하고 문화를 소화할 정도가 되려면 적어도 15세 정도는 되어야 한다고 본다. 그렇다면 어르신이 본 문화는 1945년 즈음의 것일 가능성이 크다. 만약 그렇다고 한다면 1940~1950년대의 전승 문화가 과연 우리의 전통 모습을 얼마나 잘 지켜 보존된 것이었을까 생각해 보자. 문제는 심각하다. 바로 이 시기는 일제강점기의 전통무시, 서양문화의 유입, 민중의 빈곤 등이 겹치면서 문화 급변, 가치혼돈, 전승 한계, 굴절된 의식 등이 가장 심했던 때였다. 따라서 그분들이 경험하고 증언하는 민속문화의 모습이 '과연 원래의 몇 퍼센트 수준이었는가?'에 대한 검토가 필요하다는 것이다.

그런가 하면 마을은 각각의 생태환경을 바탕으로 지속적 변천해 온 생명체라 할 수 있다. 따라서 마을의 문화는 '삶의 현장', '사회적 관계' 속에서

「생활사」, 혹은 「마을의 종합문화사」로 재조명될 필요가 있는 것이다.

물론 기존의 연구·조사들을 통하여 부분적으로나마 마을의 실존 모습이 복원되지 않은 것은 아니지만, 다양한 사회변화를 체험하면서도, 조선시대의 피지배 신분으로서 자신들의 의식을 철저하게 구현하기에는 갖가지 제약을 지녔던 마을민과 마을사회의 총체적인 변천사와 마을문화의 실체는 아직도 연구가 충분하지 못한 상태이다.

역사민속학회의 태동

민속학연구가 지닌 이러한 역사적 이해의 한계, 즉 '민속의 역사적 변천과 전개 양상의 차이'에 대한 불만과 아쉬움은 민속과 민중생활사 연구의 새로운 모색을 시도하게 하였다. 이와 함께 역사의 대중화 과정에서 생활사, 미시사, 구조사라는 화두도 제기되었다. 역사민속학회의 발족과 민중생활사 연구는 바로 그러한 요구에 대한 학계의 보완과 대안 제시였다고 하겠다.

민속문화는 각 시기, 각 지역의 사회경제적 조건, 즉 생산력 수준이나 기술, 사회제도와 조직의 변화 등이 배경이 되어 나타난 결과물이라고 보아야 한다. 특정 시대, 특정 지역의 문화는 모두가 각기 다른 내적 구조나 외적 조건과 상응하여 결과로서 형태를 남긴다. 따라서 ① 같은 지역에서의 시기적인 변화과정과 함께, ② 같은 시기에 있어서 지역 간의 차별적 변화내용에 대한 비교 검토가 이루어질 필요가 있다. 역사적 조건과 사회경제적 조건, 주민의 의식이 동시에 마련해 낸 이러한 지역성이나 다양성, 변화의 모습을 통하여 우리는 한국민속사의 흐름, 나아가 한국 역사상의 민중생활을 보다 철저하게 이해할 수 있을 것이다.

그리하여 1990년 초반 역사민속학회의 민중생활사 연구는

① 민속학의 무역사성, 역사적 의미 평가 미흡에 대한 문제제기

② 역사의 행간 속 민의 풍속 읽기

③ 쓰여진 역사의 한계와 쓰여지지 않은 역사의 복원

을 목표로 하면서 '민중생활사연구'를 핵심과제로 선정하여, 역사자료, 자연환경과 생태, 사회조직, 신앙생활, 구비전승, 생활도구, 생산활동, 의식주생활, 예술생활 등의 인접학문(자료)과의 학제적 연구, 종합적 문화 해석을 통한 본격적인 논의의 장을 마련하였다.

쓰여진 역사의 한계와 대안

역사학은 기본적으로 기록된 자료나 유형의 자료 등 실증될 수 있는 사료를 기반으로 논의를 전개하고자 한다. 그래서 역사학에서는 자료를 떠난 추정이나 가정이 항상 불안하고, 그 결과 연구자들도 '논리의 유연성'보다는 '자료의 축적량'에 더욱 신경을 쓰는 것이 일반적 경향이다.

물론 중앙, 지배층 중심의 관찬기록, 역사서들에서도 민중의 움직임이나 의식에 관련된 내용이 전혀 없는 것은 아니나, 그 대부분은 민중들의 입장이나 이해를 반영하기보다는 오히려 그와 반대인 지배층이나 집권층 중심의 일방적 가치에 의하여 평가된 것들이 대부분이다. 또한 생활문화의 내용도, 보편적 모습이기보다는 중앙지배층의 시각에서 왜곡·폄하된 예외적이고 특수한 것인 경우가 많다. 그래서 흔히 역사를 '승자의 기록물'이라거나 '지배층의 자전'이라고도 하는 것이다. 이는 역사기록의 일부에 '패자'나 '기층민'에 대한 무책임이 있음을 뜻한다.

이처럼 '쓰여진 역사'의 문제점(한계성)과 재해석 문제, 역사의 행간 속에서 민중생활사를 어떻게 찾아내고 읽어 낼 것인가에 대한 많은 고민들이 필요

하다. 그리고 '쓰여지지 않은 역사'에 대한 방기와 무관심이 어떤 결과를 가져왔는지에 대한 반성도 해야 한다.

즉 '쓰여진 역사'와 '쓰여지지 않은 역사', '쓰여질 수 없었던 역사', '쓰여질 필요가 없었던 역사'의 관계가 보다 철저하게 인식되어야 민중생활사에 대한 역사 연구자들의 이해가 비로소 출발점에 서게 될 것이다. 그리고 쓰여진 역사 속에서도 우리가 의식을 가지고 살피면 재조명하고 재해석할 부분과 제2, 제3의 자료원도 도처에 수없이 많다. 그러한 다양한 자료원의 발굴이 필요한 것이다.

예컨대 각종 관찬 사서와 법전, 고문서에서 찾아지는 생활사 자료들도 얼마든지 있을 수 있고, 장철수·정승모가 예제와 세시기 자료를 지리지와 개인 문집자료 등에서 찾아낸 것이나, 이해준이 족보라든가 촌락지리, 고문서 자료, 유적들을 토대로 촌락생활사를 정리한 것, 정연식이 미술사, 회화 자료를 통해서 탈것과 수레에 대한 자료를 구한 것이나, 문화유적을 통하여 지역사와 생활사를 복원하고자 하는 노력들, 제주도 연구자들이 『탐라순력도』를 통하여 20여 주제의 공동연구를 진행한 것 같은 경우에서 보듯 생활사 자료는 회화나 고지도에서도 수집될 수 있다. 그런가 하면 최근 각광을 받고 있는 일기류 자료를 통한 생활사 연구, 그리고 외국인의 기록(여행기, 풍물기)에서 보이는 우리의 모습들도 아주 좋은 생활사 자료이다.

2. 전통생활사와 무궁한 자료들─쓰여지지 않은 역사

사실 민중의 생활사를 뒷받침할 피지배 민중들 '자신의 기록(記錄)'은 거의 없다. 그러나 기록되지 않았다고 하여 생활문화나 그 변천사가 없었던 것은 아니며 다만 기록하지 않았고, 기록되지 못했으며, 기록할 필요가 없었을 뿐이다. 그러나 그렇다고 기록된 역사자료를 토대로 민중의 생활사 모습을 재구성하는 것은 문제가 많다.

따라서 민중생활사가 역사학의 연구영역에서 자리 잡으려면 '기록된 자료의 부족'에 대한 연민에 앞서 '기록되지 않은 자료', '쓰여지지 않은 자료'에 대한 관심을 더욱더 기울여야 하며, 이와 함께 새로운, 다양한 자료원을 찾는 노력과 수집, 정리의 필요성에 대한 철저한 공감이 선행되어야 한다.

나의 자료 수집 경험들

그런데 문제는 쓰여지지 않은 역사의 재구성과 해석은 기록된 역사의 해석에 비하여 몇 배의 노력과 고도의 테크닉을 필요로 한다. 역사학의 일반적인 연구방법을 생각할 때, 아마도 필자처럼 직접 현장을 찾아 자료를 수집하는 경우는 흔하지 않다. 또 현지 자료조사의 어려움이나 재미를 제대로 아는 사람은 더 적은 것 같다.

그리고 지역문화나 생활문화 연구에서 자료의 조사대상은, 전문 연구자가 자기 분야의 자료를 마치 보물찾기식으로 찾는 것과는 매우 다를 수 있다. 일반 사람들은 자료를 구하기 위해서 많은 시간과 인력, 경비를 투자하여야 하고, 때로는 수없이 많은 시행착오를 겪기도 한다는 사실을 알지 못한다. 그래서 조사를 가기만 하면 자료를 구할 수 있다고 생각하기도 한다.

아마도 많은 사람들은 필자를 그저 조선후기 향촌사회사를 주된 연구 분야로 하면서 유적이나 고문서 자료를 찾아다니는 사람 정도로 생각할 것이다. 그러나 나를 좀 더 아는 사람들은 현장자료에 관한 한 나를 '불가사리 같은 식성을 가진' 사람이라고 놀리기도 한다. 사실 이 말은 나쁘게 들으면 욕도 된다. 능력도 없는 필자가 다양한 시대의 유적, 지명, 구비·민속자료, 그

유적지의 한편에 군집을 이룬 비석군. 사실 이들은 서로 다른 곳에 세워져 있던 것을 옮긴 것이다. 비석들은 왜, 언제, 무엇 때문에 그곳에 세워졌던 것일까? 모두 숨겨진 역사의 스토리를 간직하고 있다. 옆 사진은 그 사실을 밝히기 위해 필자가 탁본하는 모습.

리고 문화지리에 이르기까지 모든 분야의 자료를 조사하겠다고 나서니 그렇게 생각하는 것도 어쩌면 당연하다.

그러나 이런 별명에 대해 나는 그것이 오히려 남보다 나은 '나만의 강점'이라 내세우고 싶다. 적어도 자료 수집과 조사에 관하여서 말한다면 말이다. 나의 이런 대상 자료에 대한 폭식적인 관심은, 우선은 지역과 마을에 대한 애정이 밑바탕 된 점에서 일반 연구자들과 차이가 있기도 하지만, 어떤 면에서는 나의 성장과정과도 연관된 것이 아닌가 생각되기도 한다. 나는 원래 문헌사학도가 아닌 박물관의 학예연구사로 처음 학문의 길을 걸었다. 공주사대 박물관과 백제문화연구소의 조교로 1970년대 초·중반 각종 발굴조사의 실측을 도맡았다. 지금도 가끔은 자랑스럽게 말할 때가 있지만, 백제 무령왕릉과 송산리 6호 전축분의 내부 실측도를 내가 그렸다는 것을 알면 놀랄 사람들이 더러 있을 것이다. 말하자면 내가 젊은 시절 박물관 학예연구사로서 겪은 경험이 곧 다양한 종류의 문화유적과 유물에 대해서 관심을 갖게 된 계기인 셈이다.

그 후 나는 대학원에서 조선 후기 사상사를 전공하면서 본격적으로 문헌

구례 운조루의 안채. 수백 년의 노블레스 오블리주의 전통을 실현해 온 유씨가의 안주인이 살았던 생활공간. 그들의 문화 정서가 듬뿍 배어 있는 공간이다.

사의 방법을 익히게 되었고, 졸업 후에는 중앙대 고(故) 윤남한 교수를 도와 문집 정리작업을 하기도 하였다. 또한 서울대 규장각에서는 문집과 고도서 해제작업, 고문서 정리작업에 참여하였다. 이 같은 다양한 유적과 유물, 기록자료 정리의 경험은 당시 나와 비슷한 연배의 초학자들과 비교할 때 매우 특이한 체험이었고 행운이었다.

여기에 더하여 1981년 목포대학교 사학과에 교수로 부임한 이후 인접 문화분야 연구자들과 함께 도서문화연구소를 창설하고 서남해 도서지역의 자료를 조사·정리하게 되었는데, 이때 나는 섬마을에서 기록된 자료나 유적 찾기가 얼마나 어렵고, 힘든지를 실감할 수 있었다. 지역마다 흔한 고분이나 성터유적, 도요지, 불교유적 같은 유적도 없고 고문서나 족보, 금석문 자료는 보이지 않았다. 더욱이 역사서나 지리에서도 작은 섬의 기록은 지명과 위치 표기 정도가 고작인 실정이었다.

그러나 이처럼 기록된 자료가 없다고 하여, 또 유적의 실체가 드러나지 않고 화려하지 않다고 하여 섬사람들의 역사·문화가 무의미하다고는 생각되지 않았다. 그때에 나는 처음으로 '쓰여지지 않은 역사'와, '쓰여질 필요가 없었던 역사'의 흔적들에 주목하게 되었다. 물론 그 선택이 객관적인 것이라면 문제가 없을 수도 있을 것이다. 그런데 그것이 중앙이나 지배층의 평가와 시각에 의하여 부정적으로 보이거나, 매도되어서 그렇게 되었다면 문제가 된다는 생각을 비로소, 처음으로 하게 되었던 것이다. 그리고 그 과정에서 어쩌면 눈에 보이는 문헌의 검색과 분석 연구보다 더욱 진땀나는 노력을 기울여야 했고, 비로소 나는 역사학과 민속학·사회학·인류학·지리학의 만남이 절실히 필요하다는 것을 체감할 수 있었다.

한편 자료를 찾아 이곳저곳을 다니다 보면 참으로 많은 것들을 배우고 느끼게 된다. 특히 나는 항상 새로운 자연경관과, 자료를 매개로 만났던 여러 사람들의 모습이 더 기억에 남는다. 또한 나와는 전혀 다른 생활환경과 성격을 가진 사람들을 만나서 대화를 나누고, 그들의 마음을 읽고, 때로는 비위를 거스르지 않으면서 자료를 얻어 낼 수 있었던 경험들은 참으로 인생사에서 다시 배울 수 없는 '실전의 현장'이었던 셈이다.

생활문화 자료, 과연 얼마나 남아 있나?

대부분의 조사자들도 이러한 생활문화 자료원의 다양함과 복합성에 대하여는 너무나도 잘 알고 있다. 그리고 말로는 이들 자료의 동원과 활용을 주장하면서 '성의와 의지'만 있다면 모든 자료가 동원 가능하고, 또 그것들은 연구에 모두 활용될 수 있다고 생각한다. 그러나 실제 조사와 보고서를 집필해 본 사람이라면 그것이 그렇게 간단한 문제가 아님을 쉽게 느꼈을 것이다.

왜냐하면 생활문화 자료를 보는 의식과 시각, 동원자료의 성격 이해가 그렇게 간단하지만은 않기 때문이다. 아울러 더 중요하고 실질적인 문제는 다양한 계열의 생활문화사 자료들이 ① 과연 있느냐 하는 문제와, ② 자료를 추출하는 방법, ③ 이를 어떠한 방식으로 활용하느냐 하는 방법론상의 문제이다. 그리고 아직도 이에 대한 근본적 대안이 마련되지 않은 상태이다.

우선 있느냐 없느냐의 문제부터 이야기를 하여 보면 필자가 생각하는 답은 물론 "있다"이다. 다만 모든 분야의 모든 유형 자료가 함께 있지 않을 뿐이다. 그리고 더 중요한 사실은 관심과 자료발굴의 노력, 의식이 먼저 있어야 자료가 가시권에 들어오고 수집된다는, 평범하지만 어려운 진리를 먼저 터득해야 한다.

나처럼 역사를 전공한 사람들은 민속조사나 구비문학 조사결과를 보고 변천사의 모습을 읽어내기가 매우 어렵다. 그 내용 중에 변천사를 기술할 의사와 노력이 없었기 때문이다. 그런데 나는 지명, 일화, 전설, 민담 등에 역사적 골자가 숨겨져 있는 경우도 보았고, 나아가 그것이 주민들의 의식을 점검하는 자료로도 활용이 가능하다는 생각을 자주 해본다.

앞에서도 소개한 아기장수 전설은 전국적으로 퍼져 있는 유명한 설화로 아기장수는 전국 공통으로 죽임을 당한다. 그런데 문제는 아기장수의 죽음에 대한 의식은 지역마다 다르다는 사실이다. 이것이 바로 해당 지역의 민중의식을 엿볼 수 있는 자료이다. 즉 똑같은 이야기를 전하면서 어느 마을에서는 그러지 말았어야 했는데 잘못하여 영웅 하나를 죽였다는 '아쉬움'을 표현하고, 또 다른 마을에서는 그때 요물을 잘 죽였다고 표현한다는 사실이다. 같은 이야기를 놓고 이해하고 전승하는 시각이 어쩌면 이렇게 서로 정반대일까 신기하기도 하다. 그래서 어떤 연구자는 지명이나 설화, 민속 조사도 역사학자들이 다시 하여야 한다고 주장하기도 한다. 물론 반대로 역사학 연구도 민중생활사의 시각에서 다른 분야 연구자가 보면 마찬가지일 것이다.

그런가 하면 지리나 환경, 생태 등의 문제도 대개는 문화사 연구와 무관한 것으로 생각되는 경향이 있다. 만약 지리적 조건이나 교통로와 무관하게 전투사가 전과 중심으로 기술된다거나, 농법의 변천이나 농민조직의 속성

섬진강의 섭다리의 1970년대
모습.
이곳에는 만들어지는 과정, 이
다리로 넘나들던 서로 다른 문
화들, 또 이 섭다리에서 이루어
진 수많은 스토리들이 녹아 있
다. (강봉규 사진)

을 도외시한 채 농민운동사가 연구된다면 이는 문제가 있을 것이다. 한 지
역의 문화가 생성, 성장·발전해 온 과정에서 문화배경으로서 자연환경은
매우 큰 의미를 지닌다. 그리고 이러한 자연환경의 연구는 단순히 산·강·
하천·도로 등의 이름과 위치를 의미하는 것이 아니라 역사적인 변천과 의
미를 포함하는 것이어야 한다. 예를 들면 산물의 변화, 교통과 도로의 변천,
행정구획의 변천, 하천·관개시설의 변화와 같이 주민생활에 전반적으로 영
향을 미치는 부분에 주목하는 시각이 필요하다.

　5일장과 옛길, 통혼권과 문중조직, 촌락운영질서와 생활양식, 토속음식과
특산물, 일년의 민속의례와 놀이문화, 생활도구와 토속어 등은 역사로 기록
되지는 않았으나, 모두 역사와 문화의 생생한 증거들이다.

　이들 전통 생활문화는 어떤 의미에서 수백 년, 혹은 그보다 더 많은 시간
동안 선조들에 의하여 '점검'되고 '평가'받으면서 살아남은 것들이다. 또 이
자료들은 소재가 너무도 다양하며 실용적임에도 역사문화적 재해석이 이루

어지지 못한 채 거의 불모 상태로 버려져 있다고 해도 과언이 아니다.

끝으로 서로 다른 분야, 여러 형태의 자료들은 분리되어 있는 것이 아니라, 모두가 마을과 마을 사람들에게 하나로 연결되어 있어야 정상이다. 그러나 의식적으로 추적하려고 하지 않는다면 이는 밝히기도, 찾을 수도 없으며, 혹여 자료나 제보자들이 아무리 열심히 말한다 하여도 조사자가 의식이 없으면 받아 적지 못할 것이다. 생활문화연구에서 다른 분야의 자료를 동원하여 활용하려면 가능한 한 그 분야 자료에 대한 기초적인 공부가 되어 있어야 하며, 자기 분야의 자료가 다른 분야에서는 어떤 형태로 나타나는지도 주목하는 자세가 필요하다.

공백, 방기된 자료의 재인식

생활문화와 관련된 자료의 문제를 좀 더 이야기하기로 하자. 대개의 마을 연구나 생활사 조사는 특정한 동족마을이나, 민속이 잘 전승된 마을을 대상으로 한다. 그리고 주로 전근대의 외형적 모습에 주안점을 두고 있었다고 본다. 그리고 이 과정에서 주로 활용된 역사·인물·유적·민속 자료들은 마을문화를 종합적이고 체계적으로 이해하는 데 있어서는 한계가 있는 부분 자료이다.

나아가 자료의 형태별로도 기록과 비기록, 유형과 무형의 차원을 넘어 '분야(分野)'와 '유형(類型)'과 '주체(主體)'가 다른 다양한 자료들이 우리를 기다리고 있는데, 자기 분야, 특정 자료들만을 너무 확대·강조함으로써 마을문화의 전체 모습을 기형화하거나 다른 부면을 소외한 측면도 있다. 또 그런 가운데 굳어진 조사의 패턴들은 여러 형태의 조사대상 자료원을 방기하거나 무관심 속에 방치하게 하는 결과를 낳았다.

따라서 이제까지 방기하거나 무관심했던 자료들은 과연 어떤 것이며, 그

경주박물관 야외 전시장에 모인 건물
터의 초석들. 이 초석들은 각각 자신
들이 보고 들었던 이야기들을 알려
줄 중요한 유산들이다. 단지 우리가
그 대화와 소통의 통로를 열고 이용
하지 않아 조용히 숨죽이고 있을 뿐
이다.

에 대한 관심과 새로운 조명, 그리고 그것들을 어떤 식으로 동원하여 활용할
것인지를 고려할 때가 되었다. 예컨대 마을의 선주(先住) 문화에 대한 연구라
든가, 문화지리, 생태와 경관 문제, 근·현대사의 정리 문제, 소수집단의 존
재에 대한 자료정리 문제, 의식사의 변화 문제(설화·민요·민담·사상), 산업경
제적 기반과 변천의 문제 등 우리가 모색할 미답의 자료들은 시기별, 분야별
로 너무나도 많다.

한편 마을 조사에서 '자료가 전혀 없는 시기'도 있다. 과연 이를 어떻게 기
술할 것인가도 고민의 대상이다. 없으면 당연히 제외하여야 한다고 생각할
사람도 물론 많을 줄 안다. 그러나 나는 그런 문화 공백의 이유와 배경도 우
리가 밝혀야 할 대상이라는 생각이다. 그리고 타당한 이유로 문화 공백이
설명되지 않는다면, 앞으로의 자료 출현의 가능성과 기대, 예상을 첨가하는
자세가 필요하다고 본다. 우리의 연구와 조사, 현재의 자료 보존실태가 완
벽한 것이라고 보지 않기 때문에 항상 마을의 변천사를 예감하면서 자료를
구하고 찾아야 한다.

자료 유형의 경우에도 이는 마찬가지이다. 예를 들어보자. 사진의 경우

30년 전 또는 50년 전의 결혼식 사진, 또는 초등학교의 졸업사진은 마을문화사의 중요 자료가 된다는 것을 조사자도 간과하는 경우가 있고 소유자는 더더욱 그러하다. 그러나 그 사진은 해당 시기의 혼인이나 졸업 풍습은 물론 복장, 건물과 장소, 참석인물, 글자표기, 시기 등 수없이 많은 부대자료들을 우리에게 전해 준다.

그리고 민속문화, 민중문화는 대개가 비기록문화라 하여 쓰여지지 않은 자료에 관심이 크지만, 나는 역으로 그에 못지않게 쓰여진 역사 속에서 재조명하고 재해석한 결과도 나와야 한다고 본다. 어쩌면 구전과 제보자로부터 챙길 수 없는 역사 속의 민속과 생활문화를 각종 관찬 사서와 법전, 고문서에서 찾을 수도 있다. 그런가 하면 지리지와 개인 문집자료, 족보라든가 유적, 회화나 고지도, 그리고 최근 각광을 받고 있는 일기류 자료를 통해 보이는 우리의 모습들도 아주 좋은 생활사 자료로 주목된다. 자료원은 도처에 있으며, 우리가 의식을 가지고 살피면 수없이 많다.

인접 분야 자료의 종합 이해

역사학의 경우가 특히 타 분야 자료의 활용과 연계에 소홀한 경향인데, 이는 기록자료, 그것도 중앙의 관찬자료를 중시하는 탓이다. 이런 경향은 촌락을 대상으로 하는 연구자들도 마찬가지로 마을 정도의 국지적이고 단편적 연구대상은 무의미하다고 보는 것 같다. 그러나 상대적으로 보면 마을 역사의 큰 틀을 놓친 상태에서 특수 분야, 특정 사례자료를 너무 확대 해석하거나 전체상으로 오해하는 무책임한 연구경향(관심)도 문제가 있기는 마찬가지이다. 그런 점에서 철저한 자료의 검색과 그 기반에 대한 이해 노력이 필요하다고 본다.

필자는 현지 조사과정에서 가능하다면 모든 자료, 예컨대 문헌자료와 고문서자료는 물론이고, 유적, 지명, 구비자료, 민속자료, 문화지리 자료에 이르기까지 이목이 미치는 모든 자료를 조사대상으로 삼고, 이를 접목하여 해석을 시도하려고 노력한다. 다음의 내 글은 바로 그러한 과정을 잘 표현하고 있다.

섬마을에서 기록된 자료나 역사 유적을 찾아내기란 정말 어려웠다. 그러나 그렇다고 하여 조선후기 섬사람들의 문화가 없었다거나 무의미하다고는 생각되지 않았기 때문에 그 흔적들을 찾기 위하여 정말 진땀나는 노력을 기울여야 했다. 예를 들면 한 성씨의 이동경로 추적이나 기록되지 않은 마을의 역사를 구전과 민속, 사회학적 자료로써 복원하지 않으면 안 되었던 것이다. 이 조사과정은 필자로 하여금 역사학에서 피상적으로, 그리고 때로는 지배의 대상으로만 보이던 촌락과 촌락민의 모습을 새롭게 보게 만들었다(필자의 『조선시기 촌락사회사』 서문 중).

이 글을 인용한 이유는, 필요성에 대한 의식이 자료의 이해를 증진하고, 수집의 폭을 넓히기 때문이다. 결국은 목적에 접근하도록 자료의 종합도 가능하다는 점을 강조하기 위함이다.

예를 들어 조사마을에 정려 유적이 있다고 가정해 보자. 물론 정려는 충·효·열 행적을 보인 인물을 기리는 유적으로, 정신사적 교훈과 함께 건립 과정을 통하여 향촌사회에서 그 가문이 차지하는 정치·사회경제적 지위를 상징하고 있다. 아마도 이런 식의 관점으로만 보면 유교문화, 가문사의 차원에서 정리되고 말 유적이다. 그러나 정려의 원래 위치와 위치변동을 통하여 마을의 범위 및 옛길의 복원이 가능하다면 억설일까? 절대로 그렇지 않다고 나는 생각한다. 기념물이고 권위의 상징이기 때문에 정려는 대개 마을 앞

전남 신안 암태도의 우실. 마을의 담장 같은 역할을 하는 이 우실은 단순한 통로나 경계가 아니라, 섬사람들의 공동체 문화와 신앙, 의식을 대변하는 유산이다.

정면이나 도로변에 위치하게 마련이다. 그런데 그 위치가 변했다면 마을의 주 접근로가 변했거나 새로운 도로가 만들어졌을 가능성을 추정해 볼 수 있다. 이는 마을 변천사에 크게 관련될 사안일 수도 있다.

또 다른 예로 마을의 농지와 관련되는 저수지와 제방의 축조사를 보자. 이를 단순한 시설물로만 이해하면 이를 통하여 보완될 많은 마을의 변천사를 놓쳐 버릴 수 있다. 저수지와 제방의 축조 주체가 누구인지, 혹은 이를 통하여 이득을 본 농지의 소유자들이 누구였는지, 나아가 이 과정에서 발생된 축조 관련 설화, 수리시설 관리와 관련된 계 조직 등등 여러 문제들이 이에 연계되어 있다. 민속놀이나 의례에서도 우리가 관심만 기울이면 모듬두레의 범위라든가, 걸굿의 범위, 상여·무당·서당·시장권을 통해 생활문화권의 특징과 변화를 밝힐 수 있다.

결국 이런 인접자료의 동원과 활용 가능성을 우리는 계속 모색하고 찾아내야 하며, 그럴 때 종합적인 마을문화의 본모습에 보다 근접할 수 있을 것이다.

3. 쓰여진 역사 속의 생활문화 읽기

앞 절에서 우리는 쓰여지지 않은 다양한 생활문화사 자료들에 대하여 살펴보았다. 이제 본 절에서는 이와 다르게 기록된 자료, 쓰여진 자료들 중에서 생활문화사와 관련된 자료원은 어떤 것들이 있는지를 필자가 그동안 생각하고 경험한 것을 토대로 살펴보려고 한다. 이를 통하여 무궁한 자료원의 발굴과 연구분야 간의 연계, 그리고 자료의 가치와 활용가능성에 대하여 생각해 보는 계기가 되었으면 좋겠다.

일기자료와 촌락생활사

우선 기록된 자료들 중에서 생활문화를 유추해 낼 자료로 필자는 우선 생활일기류를 주목해 보고자 한다. 물론 일기를 쓴 주체들은 대부분 지배층이자 식자층이다. 따라서 과연 그곳에 민중의 생활사나 생활문화가 얼마나 기

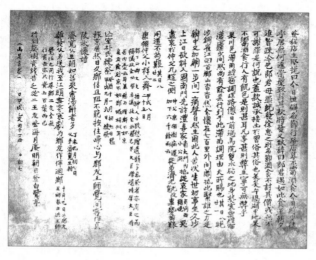

구례 운조루 유씨가의 생활일기. 19세기 말의 농촌 지식인 류씨가 기록한 농촌 생활일기로 이러한 생활일기는 기록물로서 역사로 기록되지 않은 생생한 우리의 생활문화를 전해 주고 있다.

록되었을까 하는 의구심도 있을 것이다. 그러나 기록자의 성향에 따라서 전혀 의외의 다양하고, 생생한 자료들이 전해지기도 한다.

예컨대 필자가 분석한 「시언(昰言)」과 「기어(記語)」라는 구례 오미동 유씨가(柳氏家)의 생활일기는 바로 그런 점에서 특별한 의미를 가지는 자료이다. 이들 일기는 수록된 시기가 농업발달사의 측면과 농촌 촌락의 생활구조상 급격한 변모를 보여 준 19세기 후반에서 20세기 중반에 걸친 전후 100여 년의 시기를 대상으로 하고 있다.

대개 이 시기를 연구하는 연구자들이 활용하였던 자료들이 제도사적인 것이거나 단편적인 특수 자료의 조합 혹은 관념적인 변화상의 제시에 머물 수밖에 없는 제한적인 것이었다면, 이 유씨가(柳氏家)의 생활일기는 변화되는 현실에 대응하거나 혹은 부분적으로 타협하는 삶의 모습을 생생하게 보여 준다. 물론 일기 저자들이 농촌의 평범한 지식인이자, 봉건적인 한계를 지닐 수밖에 없는 지주의 입장에 있었던 인물들이기에, 사회변화 대응과 그 의식이 결코 진보적이라거나 적극적이지는 않다. 그럼에도 류씨가 일기의 저자들과 같은 평범하고 일반적인 농촌거주 식자층의 인식이 당시의 보편적인 것일 수 있다는 점도 주목할 가치가 아닌가 한다. 그리고 그런 시각에

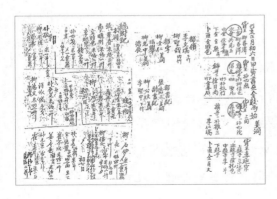

구례 오미동의 금고부의기. 금고란 조선후기 마을의 농악대를 지칭하는 말로 이 자료는 농악대의 운영기록 장부이다. 마을과 민중의 기록이 없다고 하지만, 사실 이러한 자료들은 다양하게 전해지고 있었다.

서 이 생활일기를 보았을 때, 의식적이라기보다는 비교적 가식과 과장이 섞이지 않은 솔직한 심회를 많이 적었다는 점도 주목해 볼 수 있다.

우리는 「시언」과 「기어」를 통하여 한말-일제강점기의 전통적 촌락운영의 잔존 면모와, 그것들이 새로운 제도와 의식의 유입으로 동요되고 있는 모습을 읽을 수가 있다. 즉 마을 단위로 기층농민들이 주축이 되는 동회나 서당건립의 걸굿 같은 민속적인 모임들도 아직 유지·존속되고 있었다. 전통적인 촌락의 운영모습으로 서당을 건립하기 위하여 농악대를 창설하여 그 자금을 수합하는 모습이 아주 생생하게 보인다. 이는 「시언」 1899년 1월의 일기에서 보이는데

정월 5일 서당을 마련하기 위해 금고(金鼓: 농악대)를 창설하였다. 우리 마을에서 가까운 동네들까지 각 집집에서 돈과 쌀을 거두어 모았는데 제법 많았다. 8일 농악대를 따라 죽천(竹川)과 월곡(月谷) 단산(丹山)에까지 가서 밤에야 돌아왔다. 10일 농악대 사람과 모여 앉아 개, 돼지를 삶고 술을 사와서 종일 즐기며 배부르게 먹었다. 11일 농악대에 동원된 사람마다 품삯으로 각각 2전씩 지급하고 석양 무렵에 파하였다.

는 일부의 내용이다. 이를 통해 우리는 본 마을의 추렴과 함께 인접한 마을에 가서 걸굿을 하고 있음과, 품삯을 주고 농악꾼을 동원하는 변화된 모습을 볼 수가 있다. 한편 매년 동제와 동회가 있어 마을의 공동 관심사를 논의·결정하고, 동임의 역가(役價)와 공동노역을 분담하기도 하였다.

이와 함께 촌락의 생활모습으로 "관내 당골과 용두진의 뱃사공이 와서 1말씩을 주었다"(「기어」 1929년 6월 7일)라든가 "집안밖의 젊은 아낙네들이 봄기운을 이기지 못하고 돌아다닌다. 해가 뜨면 들에 나가 쑥을 캐 와 먹으니 그

모습을 어찌 몇 마디의 말로 형용할 수 있겠는가?"(「기어」1912년 2월 26일)에서 보는 것처럼 마을민들의 생생한 생활모습도 보인다.

'가훈' 자료와 생활문화사

두 번째로 예시하고 싶은 기록자료는 바로 가훈(家訓)이다. 가훈이란 집안 어른이 자녀 또는 후손들에게 주는 가르침, 교훈을 일컫는다. 가훈은 집안을 어떻게 경영해야 다음 세대에서도 유지되고 발전될 수 있는지에 대한 고민의 결정체였고, '가정교육의 텍스트'였다. 가훈은 또한 저자의 평생 공부, 인생경험의 총합이자 자제, 자손에게 주는 진정성을 기반으로 한다는 점에서 실용성·구체성을 바탕으로 한 생활문화였다.

조선시대 가훈서를 보면 5~6개조에서 30여 개 조목에 이르는 다양한 내용으로, '봉선, 제사, 목친, 독서, 의복, 언행, 우애, 부부, 교자, 어복, 치산, 농상, 거향, 접인, 교우, 거관' 등이 공통적으로 포함되어 있고, 크게 보아 몸가짐[修身], 집안일[齊家], 바깥일[處世]로 나누어 볼 수가 있다.

생활문화사와 관련한 기록자료로 가훈을 소개하면서 필자는 초려(草廬) 이유태(李惟泰, 1607~1684)의 『정훈(庭訓)』을 예로 들어 보려 한다. 초려 이유태는 현종 때의 학자로 사계 김장생의 문인이며, 특히 예학에 이름이 높았던 호서지역의 대표적 인물이다. 정훈(庭訓)은 그가 평안도 영변(寧邊)에 유배 중이던 71세 때인 1677년(숙종 3)에 작성되었다. 유배 중이던 노년의 예학자가 자손들에게 남긴 이 정훈(庭訓)은 사당(祠堂), 시제(時祭), 기제(忌祭), 묘제(墓祭), 상장(喪葬), 거실(居室)에 관련된 의례와 제산지규(制産之規), 숭절검(崇節儉), 불우지비(不虞之備), 매전지법(買田之法), 치포전법(治浦田法), 가연지의(家宴之儀), 대빈지의(待賓之儀), 화수지계(花樹之契), 관혼지의(冠婚之儀), 사상지계(四喪之契), 거향지도(居鄉之道), 대고구지도(待故舊之道), 처세지도(處世之道) 등 19

초려 이유태의 가훈인 『정훈』의 일부.
가훈류 자료는 남에게 보이기 위한 자료가 아니라 자기의 후손들에게 전하고 싶은 일생의 경험철학을 담은 유훈이다. 특히 이유태의 정훈은 그 상세함이나 실용성에서 특별히 주목되는 자료이다.

장(章)으로 구성되어 있으며, 분량은 101쪽에 이르는 방대하고 상세한 내용을 담고 있다. 특히 그의 생활규범 제시 중에는 한 해의 가정경제 운영의 실제, 양계, 양어 등 다각적 영농과 가옥의 규모와 용도 등 당시의 생산방식, 생활경제 정도와 생활상을 추정하게 하는 내용들이 많이 기록되어 있고, 내용이 원칙론보다 구체적인 현실적 실용성을 강조하는 가정생활의 종합설계서라고 할 정도이다.

19개 조목 중 여섯 조목이 가정의례에 관련한 것이다. 사당(祠堂), 시제(時祭), 기제(忌祭), 묘제(墓祭), 상장(喪葬), 관혼(冠婚) 등으로 당대 최고의 예학자로서 주자가례(朱子家禮), 격몽요결(擊蒙要訣), 상례비요(喪禮備要), 이유태 자신의 사례홀기(四禮笏記) 등에 있는 예법을 준수할 것을 전제로 하나 원칙론보다는 실천을 위주로 하여 행사시에 필요한 사당(祠堂), 제전(祭田), 제기(祭器), 제고(祭庫), 묘전(墓田), 석물(石物), 관판(棺板) 등의 규모와 사용에 관한 경제적이고 실질적인 문제를 상세히 다루고 있다. 그리고 행례시(行禮時) 자손들이 잘못을 범하기 쉬운 사례까지 지적하여 주의시키고 있다. 구체적으로 예를 들면 사당지의(祠堂之儀)에서도 의례와 함께 초려 정훈에서는 그 물적 토대가 되는 사당(祠堂)의 규모, 제전(祭田)과 제수에 드는 경비까지를 구체적으로 적는다.

초려 정훈의 또 다른 특징은 가정경제의 운영에 관한 제산지규(制産之規), 숭절검(崇節儉), 불우지비(不虞之備), 매전지법(買田之法), 치포전법(治浦田法), 사상지계(四喪之契) 등 여섯 조목이다. 제산지규(制産之規)의 경우 가정의 기본적인 경제 규모를 의식(衣食)의 물량과 그러한 물량의 생산에 필요한 전답의 규모를 계산하여 결정하고, 이러한 규모를 축으로 하여 가정경제를 운영하도록 하였다. 또한 토지의 필요성과 토지 매매에서 일어날 수 있는 문제점 등을 지적하기도 하고, 전답을 주로 하는 토지생산 이외에 양계(養鷄), 양어(養魚), 양독(養犢), 종상(種桑), 종마(種麻), 취산림등갈(取山林藤葛), 과전(果園), 저전(楮田), 소포(蔬圃) 등 다각적 영농을 권장하는 등 아주 상세하고 구체적인 방안을 제시하고 있다.

예를 들어 초려는 선비로서는 보기 드물게 포전(浦田)을 경영하는 방법을

―강가에 집을 지어 갈대나 억새로 지붕을 덮고 6~7일 정도 경작할 만한 땅을 산다. 정산(定山)의 송산촌(松山村) 같은 곳이 살 만하다. 노(奴) 2명을 데리고 소 2마리와 농사도구를 갖추어 식구들이 보리를 심는 일에 전념하고 일절 다른 일을 해서는 안 된다. 봄에는 다른 사람에게 품을 팔기도 한다. 때가 되

어 수확한 다음에는 그루갈이로 필히 콩을 심는다. 여름에는 노(奴) 2명이 오로지 회분(灰糞) 만드는 일을 한다. 강가에는 풀이 많아 재를 만들기 좋다.
— 7월 그믐 전에 콩이 아직 성숙하지 않았더라도 줄기까지 거두어 말린 다음 소나 말의 먹이로 한다. 썰어서 삶아 먹이면 콩을 먹이는 것과 같다. 8월 10일 전에 반드시 2~3번 갈아엎는다. 9월 그믐 전에는 반드시 보리를 심는다. 6~7일갈이의 수확이 실제로 아마 50~60섬은 넘을 것이다. 이 정도면 충분히 한 가정 위아래 식구들의 1년 식량이 된다(힘이 남으면 8~9일갈이도 좋다).

라 하듯이 아주 상세하게 제시하고 있어 흥미롭다. 이러한 상세함과 구체성은 그의 실학적 면모를 보여 주는 것으로 거실지의(居室之儀)에서도 마찬가지이다. 즉 가옥의 구조를 직접 설계하여 규모와 방향, 활용에 이르는 사항을 아주 상세하고 구체적으로 정하고 있다. 즉 향촌사회에서 작은 규모로 살아가는 선비의 적절한 가옥규모로 안채 5칸 또는 3칸, 곁채[旁舍] 2칸, 헛간채[中霤] 3칸, 사랑채 3칸, 마구간 3칸, 서재 2칸 등 모두 16~18칸으로 정하고, 각각의 건물도 예를 들어 우리의 전통가옥에서 흔히 볼 수 있는 헛간채[中霤]의 경우를 보면 초려 정훈에는 "3칸으로 침실의 앞에 세우며 초가지붕으로 한다. 2칸은 창고로 하고 1칸은 비워 두거나 나뭇간으로 한다. 안뜰은 넓게 할 필요는 없으며, 좌우로 담을 쌓는다. 중문(中門)을 세우고 밤에는 빗장을 지른다" 등으로 구체적이고, 마구간도 "3칸을 사랑채 옆에 세우는데, 사랑방에서 북쪽 창문을 열고 볼 수 있는 곳으로 한다. 2칸에는 말 한 필과 소 한 마리를 들이고 또 여물간으로 쓸 수도 있으며 1칸에는 목노(牧奴)가 잔다" 등이다. 필요에 따라 증축하도록 하는 등으로 구체화되어 있다.

민중들의 기록, 「민장(民狀)」자료

위에서 정리한 것과 약간 다른 자료로 우리는 민중들의 생활사를 엿볼 수 있는 자료로 「민장(民狀)」을 주목한다. 민장이란 각 지역의 민중들이 억울함이나 해결되어야 할 사항들을 관청(수령)에 요구하고 호소하는 방식이었던 일종의 청원서 또는 소송장으로 이 같은 민장은 흔히 고문서의 형태로 개인이 소장하는 경우도 많은데 「소지(所志)」「등장(等狀)」「상서(上書)」「원정(原情)」 같은 것들이 바로 그것이다.

민장에는 제출자와 소송의 내용, 제출시기, 제출처, 관장(官長)의 판결문인 제음(題音, '데김'이라 하며 일종의 즉결 판결문)이 한 문서에 기록된다. 사안의 중요도나 내용에 따라서는 소송자가 판결의 결과를 문서로 요구하면 처결 내용을 「입안」, 「절목」, 「완문」의 형태로 별도 작성하여 발급한 경우도 적지 않다. 백성들은 이 문서를 증빙문서로 보관하거나 지시한 처결대로 시행하여 주도록 요구하기도 하였다.

『민장치부책』은 이들 소지류 민장자료를 그대로 전재한 것이 아니고, 시기별, 지역별로 민장의 제출상황과 주요 내용(초록), 그리고 처결내용과 해당 부서만을 기록한 일종의 간략한 장부라고 보면 된다. 현재 18세기 말 19세기의 각 지역 자료들이 수십 책으로 남아 있고 자료 영인도 되어 있는 상태이다. 예컨대 전라도 영광지역의 1870년 6월 21일의 치부책 내용을 보면

① 외간면(外間面) 낙창들(樂昌坪)의 작인(作人) 김운수(金云水)가 등장을 올림.
② 낙창들의 방죽이 무너져 보축하던 중에 회동(會洞) 작인들에게 노역을 시키려 하니 김낙여(金洛汝) 등 5명이 방해하는바 이의 시행을 바람.
③ 수령이 결재하기를 어찌 이 같은 일이 있을 수 있느냐. 며칠 안으로 각별히 엄하게 신칙하여 부역하는 데 다시는 시끄럽지 않게 함이 마땅하다 함.

④ 관련 담당자인 면임(面任), 두민(頭民)의 착서명(着署名).

라고 기록되어 있는데, 여기서 ①은 지역과 제출자, ②는 소장의 내용 요약, ③은 처결내용, ④는 처결에 관련되는 해당 관서나 책임자를 말한다.

이들 민장의 내용들은 특정시기에 지역사회에서 민중들이 요구하고 있었던 문제점들, 즉 정치, 경제, 사회, 신분, 풍속 등 제반사항을 망라하고 있고, 이 같은 사안의 처리와 문제제기를 통하여 각 시기별 변천상을 확인할 수 있다는 점에서 귀중한 자료적 가치를 인정받고 있다. 이들 민장의 내용들을 검토해 보면 대체로 세 가지 유형으로 나눌 수가 있는데, 첫째는 부세행정과

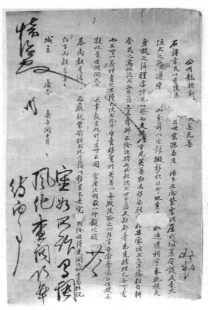

민중들이 자신의 억울함이나 청원 사항을 관청에 올린 문서인 소지(所志)이다. 이는 민장(民狀)이라고도 부르는데 생생한 마을과 민중의 사회상을 보여 주는 자료이다.

파평윤씨 노종파의 종회록. 400여 년을 지속적으로 기록해 온 문중회의 연속기록이다. 이를 통한 인적 교류와 사회경제적 기반, 변동과 문중활동의 변화양상 등 구체적이고 생생한 내용들이 기록되어 있다.

호구단자의 노비 기록

관련된 민원사항으로 관(官)과의 갈등이나 관(官)의 조처에 이의를 제기하는 내용이다. 여기에는 소위 삼정을 비롯하여 각종 부세문제가 주류를 이루고 있어 당시의 사회문란과 모순의 실상을 구체적인 자료로 확인할 수 있다.

두 번째의 내용유형은 민(民)과 민(民) 사이의 갈등과 쟁투에 대한 판결요구이다. 일종의 전통적인 재판제도와 같은 것인데, 여기에는 재산의 소유와 그 변동에 따른 상쟁(相爭)이 주류를 이루어 노비문제, 토지문제, 상속문제, 부채문제, 묘지문제, 토호의 침탈문제, 나아가 도덕적인 문제(패륜, 신분문란)까지가 해당된다. 세 번째의 유형은 단순 보고나 관(官)의 행정확인, 후속 조치사항을 바라는 내용이다. 이 중에는 사회변화와 관련하여 각종의 기강문란상, 사고내용들이 많다.

한편 이 같은 소장을 제기하는 제출자를 보면 면(面)이나 이(里) 같은 촌락 공동체가 가장 많다. 이는 공동부세의 운영문제나 부역의 분담과 관련된 사항이 주류를 이룬다. 다음으로는 사수(社首), 면임(面任), 재임(齋任), 유사(有司), 공원(公員), 색리(色吏) 등과 같은 중간관리인들이 행정처리나 중간침탈과 관련하여 올린 내용들이고, 다음으로 묘지나 임야, 채무문제, 작인과의 관계를 거론한 문중이나 개인이다.

다만 민장치부책은 백성들의 소지와 그에 대한 처리사항을 간략하게 기록한 것이기 때문에 각 문서를 둘러싼 자세한 사정을 파악하는 데는 문제가 있다. 그러나 바로 이 점은 지역사 연구자들에게 남겨진 과제라고 할 수 있다. 부연하면 간략하기는 하지만, 민장치부책에는 문제의 내용과 지역(마을), 시기, 관련 인물이 나타나 있기 때문에 이를 통하여 사건이나 이면사실, 관련 구전들을 찾아내고, 여기에 실려 있는 실제 문서들을 찾아내는 것이 바로 그 몫이라고 할 수 있는 것이다. 불과 150~200여 년 전의 사실이고, 해당 마을이 거의 정확하게 추적되기 때문에 이를 찾는 것은 다른 어떤 자료 발굴보다도 용이할 것으로 생각된다. 한편으로 이 자료에 나타나는 마을이름이나 분면(分面)의 구역, 주요인물 성씨의 행적들은 마을사를 새롭게 보완하는 데 매우 귀중하게 활용될 것으로 기대된다.

고문서와 생활문화사

세 번째로는 생활문화와 관련한 기록물로서 고문서 자료를 주목하고자 한다. 지역사와 지역문화 연구에서 관련 자료의 부족과 빈곤은 항상 한계로 지적되어 왔다. 자료의 기본량에 있어서는 물론이고 각 자료들이 단편적으로 분산화되어 있어 한 지역의 역사상을 체계적·구조적으로 규명하기에는 한계점이 많았기 때문이다. 제한적이나마 자료가 검출되었다 하더라도 지배층 혹은 중앙중심적인 내용으로 일관되기가 일쑤이며, 자료가 생성된 배경과 지역적·시대적인 의미가 모두 같을 수 없다는 점, 자료의 작성주체가

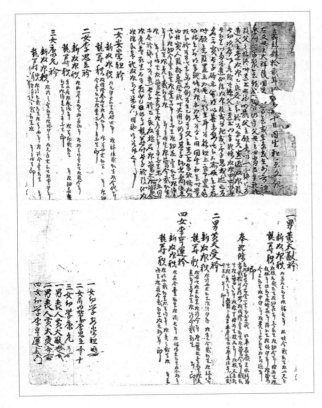

1563년의 재산분재기. 이 문서는 부모가 돌아가신 후 6남매가 모여 재산을 나눈 기록으로 모두 6장을 만들어 나누어 가졌던 문서이다. 나이순으로 기재되고 남녀가 거의 동등하게 분재되었으나 장남에게는 제사조가 포함되어 있다.

지니는 사회적인 성격이 각각 다르다는 점 등도 문제점으로 지적된다. 바로 이 같은 지역사료의 한계와 문제점을 생각할 때 고문서자료는 그 대안이자 많은 해결의 실마리를 제공하는 자료원이다.

고문서자료는 주지하는 바와 같이 특정의 목적과 특정인(기관) 간의 수수관계가 명백하며, 따라서 작성의 주체와 작성목적, 작성과정을 분명히 할 수 있다는 점, 그리고 실생활의 거짓 없는 자취로서 편찬기록류가 일반적으로 가지는 주관적 인식의 반영이 거의 배제된다는 점에서 그 사료적 가치가 높

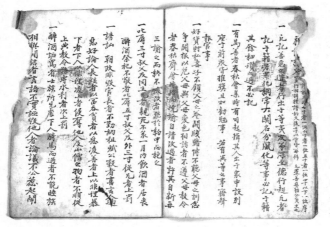

충남 공주의 면 지역에 남아 전해 오는 향약. 명칭은 향약이지만, 면 단위의 것으로 아주 상세한 내용들로 공동체와 향촌단위의 생활규율을 상세하게 전해 주는 기록물이다.

게 평가되고 있다. 이 같은 고문서의 특성은 일반적으로 논의되는 자료 확보의 측면에서도 그러하지만, 특히 지역사나 지역문화연구에 있어서 기본 목적이라 할 지역적인 특수성을 구조적으로 실증하는 데 특히나 유용하다고 할 수 있다.

'고문서'의 자료적 가치는 우선 다수에게 일방적으로 제공되는 전적류와 달리 그것을 만드는 주체와 반드시 소지하게 되는 특정한 대상이 있기 마련이며, 또 이 수급자와 발급하는 사이에 특정된 목적이 개재되어 있는 것이 특징이다. 다시 말하면 '발급자(甲)가 특정한 목적을 달성하기 위하여 수급자(乙)에게 전달한 문서'인 셈이다.

이같이 고문서는 명확한 수수관계와 목적이 명시되기 때문에 문서로서의 공신력을 갖게 마련이며, 그 때문에 생생한 역사자료로서 가치가 다른 어느 기록물보다도 높게 평가되는 것이다. 즉 정부의 편찬물이나 개인문집들이 문장화되고 수식이 심하고, 편찬자의 입장·목적·이해관계를 반영하면서 취사선택된 것인 데 반하여, 고문서는 당 시대를 살아간 생활인들의 숨김없는 생생한 자취이기 때문이다. 고문서 자료는 또한

- 지방 혹은 지방민과 직접 연결된 기록이 많은 점
- 수식이나 이해관계의 반영이 없는 삶의 실제 기록물

로 지역사 연구에 기초자료라는 점에서 주목의 대상이 되고 있다.

한편 각 시대와 각 지역의 생활문화 실체를 객관적이고 구체적으로 보여주는 이 고문서들은 일반적인 편찬기록 자료의 한계를 극복할 수 있는 1차 사료로서의 강점에도 불구하고 아직까지 지역사나 생활사와 관련해서 폭넓게 연구·활용되지 못하는 실정이다. 그렇게 된 이유로는 첫째 이들 고문서들이 성격상 일회적(一回的)으로 사용된 것이기 때문에 특정시기에 국한되고 특정사안에 관련된 유일본인 경우가 대부분이다. 따라서 한번 훼손되거나 낙질되면 영원히 그 의미와 사실이 묻히는 고고학적 유물과 같은 한계가 있다. 그래서 지역사 지역문화와 관련할 경우 고문서 자료는 어느 자료보다도 광범하고 지속적으로, 그리고 시급하게 조사되어 수집, 정리되어야 할 중요한 대상이라 할 것이다.

지역사나 생활문화와 관련된 고문서의 유형, 종류들을 보면

· 생업과 경제(농업/거래관행과 상공업/어염)
· 의식주(의생활/식생활/주거/건축)
· 평생의례(출산의례/관례/혼례/회갑 및 회혼례/상례/제례)
· 신앙의례(무속/동제/불교)
· 교육(조직과 운영자료/연혁 및 경제자료/교과서, 가정교육/교육의례)

- 신분 사회제도(호적/신분/과거/관리임용/명령 및 보고/민원 소송/부세)
- 가족과 친족(족보류/문중자료/상속자료)
- 촌락(촌락조직/농업관련 노동조직/계조직)
- 개인생활(문집/연보/전기/행장/일기/유서/간찰/평생사주/백수문)
- 기타(가사/악보/승경보/남승도/윤도/천문도/경혈도/읍지 · 면지/지도/진법도/노정
  기/여행기/답산가/단방기 병록)

위와 같이 매우 다양한데 이와 관련해서는 필자가 책임 연구자가 되어 편찬한 『생활문화와 옛문서』(국립민속박물관, 1991)에 그 대강이 소개되어 있다.

그리고 이 중에서도 민중생활사와 마을문화사와 관련된 문서자료의 수집, 정리는 더욱 주목할 부면이다. 이들 자료는 작성의 대상범위가 일단 '마을'이라는 점과 여기에 수록된 내용을 분석할 경우 우리가 밝히려는 마을의 변천상, 운영의 실체를 한눈에 보여 줄 자료라는 점에서 여느 자료보다도 우선하여 수집, 정리할 대상이다. 필자는 다른 분야 연구자들과 공동으로 마을을 조사하면서 매우 다양하고 복합적인 고문서자료들을 제도사는 물론이고 경제사 연구자나 사회사 연구자들과 함께 공유할 수 있었다. 이들 마을 자료에 대하여 좀 더 유념하여 자료를 정리, 수집한다면 보다 구체적인 향촌사회사와 촌락사의 연구도 가능할 것으로 기대된다.

제 **4** 장

—

쓰여지지 않은 역사의 현장,
마을문화 이야기

—

역사상 보통 사람들의 삶과 문화는 과연 어떤 모습이었을까? 거대담론의 역사인식이나 중앙사, 지배층 중심의 고급문화에 익숙한 현대인들에게 전통·생활문화가 가지는 의미는 다양하고 편차가 심하다. 이 장에서는 바로 이러한 과제를 전통마을의 문화이야기로 풀어 가고자 한다. 전통마을은 우리의 전통생활문화가 살아 숨 쉬던 무대였고 세트장이었으며, '자연과 사람', '정겨운 사람들'과 만날 수 있는 어머니의 품과 같은 곳이다. 그런가 하면 전통마을 문화는 현대사회의 문화 단절과 해체를 이어줄 새로운 생명줄이기도 하다.

1. 자율과 공생의 전통마을문화

어머니의 품 같은 고향마을

고향마을의 정취를 떠올리면서 많은 한국인들은 향수에 젖는다. 그곳에는 많은 추억과 감동, 이야기들이 있기 때문이다. 넓은 들판, 고갯마루 서낭당을 지나 건너는 개울의 징검다리, 그리고 마을 앞의 장승을 떠올린다. 그

어머니의 품처럼 그리움과 다정다감함이 일어나게 하는 고향마을 모습. 우리 전통 생활문화의 본향이자 풋풋한 공생과 모듬살이의 현장이다. 농촌마을(좌)과 어촌 포구마을 전경(우).

러면 모락모락 피어오르는 굴뚝의 연기와 밥 내음이 우리를 기다린다. 농악
(풍장) 소리는 우리들을 방에서 튀어나오게 했고, 당산제의 경건함과 뒤풀이
에서 온갖 신명을 보여 주던 동네 어른들의 모습도 눈에 선하다.

물론 항상 풍요롭고 즐거운 일만 있었던 것은 아니지만, 그 들녘과 골목
길, 뒷동산에 배어 있는 우리의 어린 시절과 고향의 숨결을 결코 잊을 수가
없다. 설령 그것이 자랑거리가 아닌 찢어지게 가난했던 추억이거나 등 돌리
고 싸웠던 기억이어도 좋다. 그곳에는 우리가 그렇게 그리워하고 보고 싶어
하던 주름진 우리들의 어머니가 기다리고 있지 않은가.

어머니의 품은 모든 인간에게 영원한 고향일 것이다. 어머니의 품에서 우
리는 '사랑'과 '배부름', '평안함'을 느낄 수가 있었고 그래서 영원히 잊히지
않는 '마음의 고향이자 영원한 안식처'가 된 것이고, 지구촌 사람들이 신기
하게 바라보는 귀성행렬의 풍광도 생겨난 것이다. 발을 동동 구르며 평소의
몇 배가 더 소요되는 귀성길을 마다 않는 한국인의 모습은 바로 고향사랑을
바탕으로 한 것이며, 가슴에 '동심'과 '향수'가 살아 있어서이다.

바로 이러한 '고향의 내음들'과 '어머니의 모습'이 바로 우리가 알아야 하
고 챙겨야 할 한국문화의 실체라고 나는 생각해 왔다. 우리 고향마을에는
우리들이 챙기고 밝혀낸 것보다 몇 배 혹은 몇십 배 많은 지혜와 전통문화,
이야기들이 남아 있기 때문이다. 그것들이 역사상에서 가장 보편적인 우리
의 삶과 문화였음에도, 바쁘다는 핑계와 무관심 속에, 나아가 서구문화에 동
화되면서 이들을 무가치한 것으로 매도해 왔던 것이다. 우리가 올바르게 이
해하지 못한 채 버려두었던 전통 생활문화는 '한국문화의 원형'이며, 우리가
알고 챙겨야 할 '한국문화의 또다른 실체'라는 것을 이 자리에서 다시 한 번
느꼈으면 한다.

제값 못 받은 '전통마을'의 문화이야기들

우리 역사에서 보편적 사람들의 삶과 문화인 '전통 생활문화'는 과연 어떤 것이고, 그것이 지닌 지역적 특성은 과연 무엇일까? 이제까지의 한국역사 및 문화사 연구가 중앙 중심, 지배 권력층 중심, 고급문화 중심으로 이해되고 가르쳐짐에 따라 피지배, 지역, 민중문화라는 상대적 하시 속에서 생활문화사는 가치를 인정받기 어려웠다. 사실 모든 문화는 보편성과 특수성을 갖고 있다. 한국의 전통문화도 역시 마찬가지다. 그런데 우리 문화 속에 담긴 '가치와 특수성'에 대한 근본적이고 충실한 검토도 하지 못한 상태에서 무관심하거나 다른 문화와 비교하면서 저평가하거나 자기 비하까지 하는 현상이 생겨나게 되었다. 이는 참으로 역사왜곡 못지않게 한심한 일이다.

그런 점에서 '전통마을'의 생활문화 연구는 전통 생활문화 연구의 여러 과제들을 해소하고 실험하는 가장 좋은 '연구 대상'이자 '연구 현장'이라고 할 수 있다. 마을에는 민속, 신앙의례, 지명, 설화, 민담, 공동체 조직과 의식 등 다종다양한 생활문화가 전승되며, 마을은 그것을 체험하고 느낄 수 있는 현장이기도 하다. 이들 전통마을의 문화 속에는 지리적 배경과 역사적 변천, 사회경제 조건 및 주민의식이 동시에 마련해 낸 지역성이나 다양성, 변화 모습이 남아 있기 때문이다.

마을 앞의 솟대. 마을의 안녕과 복을 기원하던 상징공간이자 마을 생활문화가 구현되는 장소였다.

이들 마을의 전통 생활문화는 수백 년, 혹은 그보다 더 많은 시간 동안 그 지역에서 선조들에 의해 '점검'되고 '평가'받으면서 살아남은 것들이다. 그리고 대개 그것들은 오랜 경험을 통하여 실용성이 검증된 것이기에 지속성도 가졌다. 그리고 우리가 전통마을문화의 가치와 의미를 모른 채 방기하여 그렇지, 그 속에는 이데올로기와 고급 지식이 필요 없는, 오랜 전통 속에 실용화된 생활의 지혜가 깃들어 있었다.

예를 들어 보자. 시골의 어디를 가나 많이 볼 수 있는 것이 감나무이고 그래서 우리는 감을 가장 흔한 과일로 먹을 수 있었다. 추석 무렵이면 아직 잘 익지 않은 땡감을 따다가 동이에 넣어 단감을 만들어 먹었고, 나무에서 홍시가 되면 집 주위를 맴도는 날짐승들과도 나누어 먹었다. 어디 그뿐인가. 홍시가 되기 전에 미리 따서 곶감을 만들기도 하고 아예 고추장에 박아 장아찌를 만들어 입맛을 돋우는 반찬을 삼기도 했다.

벼농사와 함께 남겨진 짚으로 우리 조상들은 이엉을 말고 멍석을 짜고, 줄다리기 줄을 만들고, 그네를 만들어 타고, 농사거름을 하고, 그러고는 연료로까지 이용하였다. 자연은 거짓말을 하지 않고, 인간이 괴롭히지만 않으면 항상 공존할 준비가 되어 있다는 것을 일찍이 깨달았던 민족이 바로 한민족이었다.

비슷한 재료와 제조법, 기술력을 익혔다고 진짜 순창 고추장을 만들 수는 없다. 순창 고추장의 진짜 맛은 순창의 자연환경과 햇빛, 물이 만들어 낸 것이다. 진도와 밀양의 아리랑에는 그 지역민의 정서와 전통가락이 바탕되어 있었다. 민속신앙을 조사하여 보면 지역마다 금기가 다르고, 금기를 지키는 강도도 매우 차이가 난다. 섬마을에서는 자연현상 중 바람에 민감하고 산촌에서는 짐승의 피해가 문제가 되어 그에 관한 금기가 매우 강한데, 이 모두는 그 지역과 마을의 생활환경과 오랜 삶의 지혜로 습득되고 지켜져 온 전통인 것이다.

모듬살이의 생활문화 두레의 논메기 모습. 두레는 노동조직일 뿐만 아니라 실질적인 마을운영과 공동 생활문화의 주역이었다.

또한 마을마다 조직되어 있었던 '두레'는 바로 함께 살아가는 '모듬살이의 지혜'이자, '공생(共生)의 지혜'였다. 그런데 이와 같은 것들은 이론과 객관적·합리적 논리가 좋아서 이념적으로 우리 땅에 뿌리내렸던 것이 아니다. 오히려 그보다는 눈빛과 숨소리만 들어도 무슨 생각을 하는지를 알 수 있을 만큼 다정하고 끈끈한 인간관계[情]가 밑바탕에 있었기 때문에 가능했다. 세계인들이 놀랐던 월드컵 붉은 악마의 신화 뒤에는 바로 이러한 고향마을의 공동체 의식과 문화가 버티고 있었던 것이다.

현대사회에서 이러한 인간관계나 이해관계는 거의 소멸되어 버렸다. 고도의 경쟁사회에서 우리들에게는 이기적이고 남을 경계하는 태도가 일반화되어 있다. 감성적인 인간보다는 이해타산적인 계산기가 되어 가고 있다. 과거 두레가 발생, 발전하였던 사회와 다르게 오늘날의 사회가 그렇게 바뀌었으니 옛날의 두레가 무슨 소용이 있느냐고 말할 사람도 분명히 있을 것이다. 그러나 이들 전통 생활문화는 공생과 상생의 점검, 실용된 지혜였음을 올바로 이해하고, 그 지혜를 현대사회에 맞게 계승·활용하려는 의지가 더 필요하다. 따라서 재해석과 올바른 인식을 통해 이들 전통마을의 생활문화를 바로 보고 현재적 가치를 챙길 수만 있다면 오히려 '치열한 경쟁 시대에서 살아남고, 자신을 지키는 지혜'를 얻을 수 있을 것이다.

십여 년 전에는 200~300년 된 전통마을이 수몰되면 민속박물관 하나를 잃는 것과 같다는 말이 있었다. 그 이전에는 불교미술품이나 청자와 백자만 유물인 줄 알았는데, 각종 민속품들이 상품화되고 문화유산적 가치를 인정받게 되면서 생겨난 말이다. 수몰지구의 폐치된 마을에서 장독대의 옹기라든가, 베틀이 모두 값나가는 유물대접을 받기도 할뿐더러 이들 민가의 생활용품과 도구들이 전시된 박물관을 본 사람들이 이런 말을 만들었을 터이다.

그 후 얼마가 지난 뒤 나는 "시골마을에서 80평생을 살던 노인 한 분이 돌아가신다면 도서관 하나가 없어지는 것과 같다"는 말을 만들어 퍼트렸다. 전통지식의 중요성을 생각해 보고 한 말인데, 이는 생활문화의 지혜와 슬기로 해당 지역에서만 전해진 전통지식들의 지적 소유권을 인정받기 시작한 것과도 때를 같이한다. 사실 우리의 전통사회에서의 지혜는 석사·박사 학위가 아니라 '나이'였다. 오랜 생활의 경험 속에서 터득한 지식과 지혜가 바로 그런 것이었다. 이유가 논리적으로 설명되거나 논문이 쓰이지는 않았지만, 바람의 방향을 보고 날씨와 풍랑을 점치고, 씨 뿌리고 모내기하고 추수할 시기를 절묘하게 예측하여 날을 잡았다. 각종 지역별 특산물은 그에 맞는 독특한 생장과 발육, 수확과 저장 방식도 지혜로 남았고, 그를 이용한 음식물들도 종류별로 다양했다.

그런데 최근에는 새로운 버전이 만들어졌다. 전통마을과 관련하여 마을

경관이 빼어난 곳에 조선시대 최고 지성들이 모임을 가졌던 문화공간 정자. 시문학 창작은 물론 향약시행, 의병창의, 때로는 정치적 토론의 장이기도 하였다.

마을 농민들의 휴식처이자 문화공간이었던 모정. 이곳은 마을의 중요 관심사가 논의되고 생활문화와 의식이 공유되는 농촌 카페였다.

의 전통 경관을 조성하려고 하면 과연 얼마 정도의 예산이 필요할까?라는 이야기를 하기도 한다. 현대 건축물들이 조성되는 터전을 보면서, 어쩌면 그렇게 안목도 없고, 그곳에 살 사람들의 정서를 무시할 수가 있을까를 생각해 본다. 오로지 투자 이득과 간편한 조성 방식만 따지는 모습을 보면서, 우리 조상들의 터 잡는 지혜와 안목을 다시 생각해 보게 된다. 그리고 그것은 투자의 대상이 아니라, 영원한 삶의 터전으로 가꾸어 나갈 대상이다. 마을의 안산을 지키기 위하여 전설과 설화를 만들기도 하고, 마을 앞에 장승과 선돌도 있지만 마을 숲을 조성한다든가, 개울이 흐르도록 하고, 마을의 상징물로 정자도 멋있게 만들지만 농민들의 문화공간이자 쉼터인 모정도 만드는, 정말로 고급스럽고 수준 높은 의식을 바탕에 깔고 있었던 것이다.

2. 전통마을의 역사와 생활문화

조선시대 마을의 모습과 변천은?

마을의 변천상을 통한 생활문화사 정리는 다른 어느 것보다도 시급하다. 흔히 촌(村), 동(洞), 이(里)로 불려지는 마을단위의 기층민과 그들의 조직들은 전통적인 공동체적 생활방식(운영체계)을 가지고 존재해 왔다. 또한 그들의 사회적 기능과 역할은 자체 성장·발전의 계기나 과정을 거쳐 중대되기도 하고 혹은 이들을 직접 지배하에 수렴하고자 하는 외적인 힘(통치체제, 지배층의 의식)의 강약에 따라 좌우되기도 하였을 것이다.

조선전기 마을들은 현재의 마을과 같이 집촌을 이루는 것이 아니라 농지를 따라 띄엄띄엄 흩어진 산거(散居) 형태의 자연촌으로 존재했다. 그것은 오늘날 보는 것처럼 본격적인 수전농법, 즉 논농사가 일반화되지 않은 상태에서 밭농사가 주로 이루어지다 보니 마을 역시 들녘보다 산기슭에 위치했던 것이다. 그러나 16세기 이후 본격적으로 진행되는 둑과 제방 저수지개발 등으로 농경지역이 평야·저지대로 확산되면서, 그리고 이를 주도하는 재지사족들의 위상강화를 배경으로 몇 개의 자연촌락이 우세한 중심촌락=사족촌락에 부수된 형태로 연결되어 성장하는 추이를 보여 주고 있었다. 16~17세기 재지사족의 촌락지배는 대부분 이 같은 농지의 확대(개간 및 제언의 축조)를 경제적 기반으로 하고 있었다.

즉 평야 저지대로의 농지확산과 집약농법의 발달은 생산력의 중대와 함께 집촌화를 가능하게 하였고, 이 집촌들은 경지의 확대에 주도적 역할을 하였던 사족촌락을 중심으로 상대적인 결속력을 강화하여 광역화하는 추이를 보여 준다. 저명 성씨들의 동족마을이나, 사족 중심의 마을이 본동으로 불려지면서 중심이 되고 몇 개 혹은 10여 개의 자연마을이 포함되는 형태로 집촌화한다. 우리가 흔히 말하는 생활문화권, 인적으로 연계된 열두 동네의 이야기는 바로 이런 기반과 관련이 된다.

이처럼 사족적 배경에 토대한 중심촌락들[本洞]은 지연적인 생활 및 경제 공동체로서 주변의 자연촌[村, 谷, 亭, 坪]들과 공존하면서 신분적·경제적으로 보다 하위에 있던 이들을 통합하였다. 이는 임란기를 전후한 시기의 촌락 구성에서 본동 아래에 지연 공동체로서 수 개 또는 10여 개의 자연촌락들이 하나의 체계 속에 묶여 있었으며, 대표되는 '동(洞)'(本洞)과 '이(里)'(本里)가 이들 전체 명칭으로 사용되고 있었던 것을 미루어 알 수가 있다.

그리고 이들 광역의 이(里) 밑에 존재하던 작은 자연촌들이 바로 18세기 후반 이후 촌락분화의 과정에서 독자적인 조직과 규모를 지니면서 독립된 마을로 분화 발전하였다. 이러한 조선후기 마을의 분화 모습은 지명 중에 보이는 上○○, 下○○, 內○○, 外○○, 元○○, 舊○○, 新○○, 本○○ 등을 통하여 그 연관성을 엿볼 수 있다.

그리고 이 밖에도 조선후기의 사회경제적 변화는 저명 성씨들의 동족마을 발달과 함께 여러 성씨가 연대하여 형성한 집성촌도 있고, 상민들이 모여 살았던 민촌, 그리고 지리적 특성을 반영한 포구마을, 산촌, 섬마을, 그런가 하면 옹기마을처럼 장인들의 마을들도 발전하면서 각기 다양하고 독특한 문화상들을 남겼다.

이 같은 촌락의 분화와 18~19세기의 사회경제적 변화는 농민의 의식 성장과 함께 농민문화, 농민조직의 발달을 가져왔고, 특히 두레, 촌계와 촌락민 중심의 마을 조직들이 활발하게 운용되었다. 그 모습이 바로 우리가 찾

다양한 모습의 마을제와 모듬살이의 전통들. 마을의 두레모듬 모습(좌), 마을의 동화제(상), 그리고 어촌의 뱃고사(하). 이들은 생생한 민중 생활문화와 의식을 전해 주는 모습이다.

아보려는 마을문화, 전통 생활문화의 실체라 할 것이다. 18세기 중반 이후 촌락의 발전, 특히 촌락들이 자연촌단위로 분화되는 상황에서 자연촌에서는 촌계류 조직들이 촌락운영을 담당하였다. 촌계는 동제(洞祭)·당제(堂祭) [당산제]로 대표되는 마을의 민속적 제의와 공동노역[잡역; 울역]이나 동린적 상장부조를 담당하였으며, 마을 공동재산[田畓, 洞物]의 관리를 맡았다. 그 과정에서 동제(당제)도 큰 당이나 작은 당으로 분화, 혹은 아예 다른 당산을 새로 마련하여 독립하고, 동물(洞物)[상여, 혼례도구]이나 동답(洞畓)의 분리운영, 서당의 분립 같은 변화가 그러한 상황을 말해 준다.

그런가 하면 18세기 후반 이후는 촌락의 분화 및 사회경제적 발전, 촌락농민의 의식 성장과 함께 다양한 주체들에 의한 여러 목적계류 촌락조직들이 생겨난다. 예컨대 문중계(화수계), 상여계나 유산계(놀이계), 서당계, 사초계, 송계, 상포계, 우마계 같은 각종의 목적계들이 활발하게 조직, 운영되었다.

결국 이 같은 촌락의 분화과정을 겪으면서 마을의 운영과 조직체계도 과거 '동계(洞契)-촌계(村契)' 간의 연결구조보다는 '촌계-동회, 동제조직', '두레-생산조직', 기타 '상장부조 조직들(목적계류)' 간의 연결과 상대적인 역할분담이 오히려 문제되는 상태로 변해 갔을 것으로 보인다. 그리고 특히 19세기 이후 민중의식의 성장과 사회모순의 중대는 노동조직으로서 계층적 이해를 반영하는 두레조직의 역할과 주도력을 보다 강화시켜, 촌계류조직이 지녔던 기존의 영향력을 대부분 확보할 수 있었던 것이다. 더욱이 19세기의 두레조직들은 단순히 촌락 내에서의 역할만이 아니라, 호미씻이나 대동두레를 통해 보듯이 촌락간 연대를 이루며 활동하였다.

동족마을의 형성과 발달

특히 조선시대 마을발달사에서 중요한 것이 바로 동족마을이다. 이들 동족마을의 형성과 변천사를 정리할 때 우선 주목하는 것이 마을에 정착한 성씨집단의 입촌 과정이다. 누가, 언제, 어디에서, 어떠한 배경과 이유로 해당 마을에 정착하였는지, 또 그 성씨 집단이 기존의 마을 주민과 어떠한 관계 속에서 성장하고 마을의 운영에 참여하게 되었는지를 밝히는 것이 마을사 연구의 출발이다.

입촌 과정을 보면 대부분이 농지 확대를 주도하거나 새로운 농경지를 확

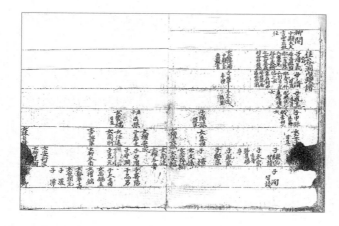

안동 가일마을의 동네
[洞內]족보. 마을의 족
보로는 유일한 사례가
아닌가 싶다. 혼인관계
로 마을의 성씨와 인맥
이 형성되는 모습을 보
여 준다.

보한 사족들의 새로운 이거 정착 사례와 연결되며 그 인물이 대개 입촌조이
다. 이들 입촌세력들은 농지의 확대와 저지대 이동을 통하여 경제적 부를
소유하게 된 사족들이 대부분이다.

특정 성씨의 입촌 과정은 후손들이 거주하고 있는 경우 족보나 구전자료
를 통하여 파악이 가능하다. 필자의 경험에 의하면 이 같은 입향사적의 추
적에서 주목할 부분은 묘소의 위치와 처음 잡은 집터의 위치, 선주 성씨의
존재와 그들과의 관련성이다. 대개의 경우 입촌의 동기는 처가나 외가, 혹
은 그 이전의 특별한 인연에 있었으며 이는 입향조의 부(父)나 조(祖), 혹은
자(子)의 혼인 관계, 관련 성씨의 족보 추적, 유적 확인을 통하여 관련성이 밝
혀지는 것이 보통이다.

한편 마을에서 입향조의 입향시기는 지금으로부터 300~400년을 소급하
지 않는 경우가 보통이므로, 선주했던 성씨들의 토착기반문제가 추적되어
야 그 이전시기(조선전기 및 고려시대)의 마을사 복원이 가능하다. 관련 성씨의
족보 추적이나 유적 확인, 시대를 알 수 없는 구전 지명이나 인물설화들이

입향시조와 선대의 묘소를 한곳에 조영하고 그 아래에 문중의 재실을 지었다. 사진은 충남 노성의 파평윤씨 노종파 재실인 병사 전경.

이런 선주집단의 흔적일 가능성이 크다.

입향 사적의 추적과 함께 또 하나 주목할 부분이 마을과 관련된 모든 유적의 연대별 정리이다. 각 마을에는 마을의 역사적 변천을 밝혀 줄 유적들이 있기 마련이다. 예를 들면 고인돌이라든가 고분, 옛터들, 혹은 연대가 분명한 비석이나 건축, 기념물, 묘소 같은 것이 바로 그것이다. 그리고 조선시대의 경우 이러한 유적들은 몇 차례의 중수나 보수, 이건 등의 과정을 겪게 마련이다. 예컨대 사우가 있을 경우

1675년 사당으로 건립

1700년 사우(祠宇) 건립을 청원

1750년 ○○사우로 건립

1830년 중수

1860년 ○○의 이유로 ○○로 이건

1868년 훼철

1923년 복설

아직도 이어지고 있는 친족과 문중 활동. 동족마을의 친족들이 조상의 제향을 위해 모여들고 있다.

등으로 세밀하게 연대가 확인될 필요가 있다. 대개 이 같은 유적들이 해당마을에서 이루어지는 데는 분명한 이유와 목적, 배경이 있다. 즉 그 이면에는 몇 개 성씨집단들의 입촌 이후의 성장과정이나 상호관계, 인물의 배출과 활동상이 밀접하게 연관되기 마련이다. 따라서 이에 관련된 문서자료나 주도인물, 참여인원, 경제적 재원마련의 방법과 내용들이 추적된다면 우리는 그 시기 마을변천의 더 많은 실상을 복원할 수 있다. 또한 마을의 친족조직인 종계(문중계)나 생활공동체 조직인 동계(대동계, 향약계)의 경우도 시기별 변화모습을 추적하여 이 모두를 하나의 마을 연표로 만들어 본다면 커다란 흐름을 일목요연하게 파악할 수 있다.

여기에 덧붙여 마을의 사회경제적 변화로서 특정 성씨 집단의 문중기반 확대과정, 예컨대 선산과 묘소의 마련, 재각(재실) 건립, 비석 건립, 족계의 운영 같은 자료들이나 마을 전체적인 경지확대(보나 제언, 제방, 저수지의 축조)의 시기, 주동인물, 과정 등이 밝혀진다면 마을의 변천사는 매우 폭넓은 수준에 이를 수 있을 것이다. 이 같은 자료들은 특별한 경우 족보나 비석 같은 기록물에서 확인되기도 하지만, 대개는 지명이나 일화, 구전으로 전해지는 것이 일반적이다. 따라서 이 분야는 지리학이나 구비문학분야의 조사방법론과 지식이 매우 긴요하게 활용될 필요가 있다.

생활문화 전해 주는 마을기록들

마을은 사람들이 함께 모여 사는 삶의 공간이었다. 마을과 마을민의 존재, 그리고 그들의 삶의 모습을 추적하는 과정에서 고문서 자료는 귀중한 자료이다. 마을 관련 고문서 자료를 보면 마을민들은 나름대로의 운영 논리나 규약, 법속, 규범, 그리고 문제해결의 지혜 같은 것을 마련하였다. 마을 생활문화에 관련된 고문서자료는 대개 마을의 조직과 그 운영에 관련된 자료, 마을의 사회경제사 관련 자료, 그리고 생활문화사 자료 등으로 나누어 볼 수 있다.

마을 조직과 운영자료를 보면 여러 계열의 자료들이 조사되는데, 우선 가장 먼저 주목될 자료로 사족지배층 중심으로 조직되었던 동계(洞契)와 동약(洞約)이 있고, 조선후기에 마을의 상·하 구성원이 함께 참여한 대동계(大同契)가 있다. 주로 17~19세기의 자료일 때 의미가 살아나는 이들 자료는 촌락구성원 전원을 결속하여 사족중심의 상·하질서를 강화해 나가려는 목적에서 갖추어진 사족 주도의 조직 규약이다. 규약(規約)은 대개 동약(洞約), 동규(洞規), 동계약(洞契約), 동계헌(洞契憲)으로 이름 붙여지는데, 운영규율을 조목화한 것으로 대체로 조직의 성격과

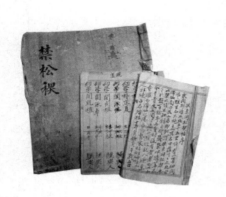

마을의 조직과 운영도 문서로 남겨지는데 이 자료는 마을의 산림을 보호하고 관리하기 위해서 자율적으로 만든 금송계 자료이다.

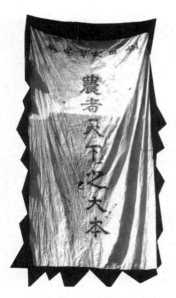

마을 단위 농민조직의 상징인 두레기. 민중들의 자존심이자, 문화상징으로 기 세배놀이나 기뺏기 놀이가 행해지기도 했다.

가입원의 조건, 운영의 절차와 방식, 재정의 관리, 상호부조와 규제의 내용, 구성원 명단(座目), 치부책과 같은 기록들을 포함하고 있다. 동내 부역의 조정, 혼상(婚喪) 부조, 공동노역, 동재산의 관리, 벌칙조항 등은 촌락의 구조를 밝히는 데 각 연구분야별로 이용이 가능한 자료이다. 동중완의(洞中完議), 동중입의(洞中立議), 완문(完文), 절목(節目) 등으로 연대별로 추가된 조약, 개정된 조약을 부기한 경우도 많아서 변천과정을 살필 수도 있다.

그런가 하면 족계(族契), 화수계(花樹契), 문중계(門中契)로 불리는 동족마을의 문중계가 있다. 족계(族契)는 문중조직이 발전하면서 등장한 동족 간의 조직으로 동족마을의 경우는 촌락조직과 중첩, 혹은 상관 속에서 운영되고 있기 때문에 촌락의 형성과 발전, 조직변화를 파악하는 데 유용한 자료이다. 특히 동족마을의 족계 자료는 지연(地緣)에 기초한 혈연집단의 형성을 적나라하게 보여 주고 있어 전통적인 촌락발달과 관련지어 매우 주목될 자료들이 많다. 예컨대 족보와 가계자료, 인물관련자료(유적 포함)는 한 마을의 형성과 주민의 이주, 마을 운영주체들의 기록을 시기적으로 확인하고 정리하는 데 유용하다. 내용은 임원의 선출이나 의무, 구성원의 자격, 공동재산의 관리나 운영, 범칙자에 대한 처벌 등으로 대부분 유사하다. 족계자료는 규약과 함께 좌목(구성원 명단), 공동재산의 관리를 위한 별도의 규약이나 치부책 등이 남아 있는 경우가 많다.

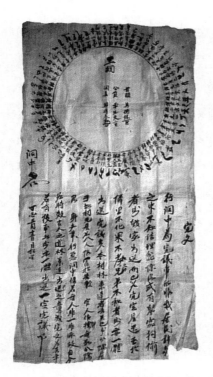

전남 완도지역 섬마을의 완문. 사발통문 형태로 마을 주민들이 자율적으로 풍기를 문란하게 한 사람을 징계하는 내용을 기록한 결정문이다.

이 같은 지배조직과 다르게 생활문화 공동체로서 마을민 모두가 참여하는 촌계(村契)와 농업조직인 두레를 주목할 수 있다. 이들 조직은 역사가 꽤 오래되었지만, 실제로 성문화된 자료가 없어서 대개는 19~20세기의 마을 조직으로 파악되어야 할 것이다. 촌계는 오늘날의 동계나 당산제를 지내는 조직과 같은 생활문화를 공유하는 평민들의 조직이다. 마을의 생업이나 동제와 같은 의례, 공동노동 조직으로서의 두레, 촌회 또는 동회 등을 주관하며 애경사를 서로 돕고 규약을 만들어 지켜 가는 자율적 생활공동체 조직이었다. 촌계는 조선후기 향약이나 동계의 하부조직으로 편입되기도 하였으나, 기층민들 사이에서 상당한 정도의 촌락자치의 자율성을 확보하였다. 그러나 촌계의 규약은 그 당시는 당연한 관습이며 불문율이었기 때문에 거의 문서화되지 않아 현전하는 자료는 많지 않다. 이는 동제·두레에 관련된 자료 및 향약 동계류의 기층민과 관련된 하계(下契) 조목 등에서 편린을 찾아볼 수 있다. 동제나 당산제 자료들이 여기에 포함되며, 수입과 지출내용을 적은 회기별 결산서와 같은 치부책, 인수인계시의 물건을 적은 전여기와 전답운영 기록인 수조록이 수습되기도 한다.

두레는 조선후기에 이앙법(移秧法)의 보급과 함께 일반화한 공동노동조직으로 주로 삼남지방에서 보편화되었다. 두레의 조직은 자연마을을 단위로 10명에서 30여 명 내외로 구성하였다. 한 해 농사를 준비하는 회의로서 호미모듬, 모내기가 끝난 뒤의 대동회의 대동놀이를 하였고, 호미씻이로서 농사를 마무리하는 회의를 가졌다. 이 과정에서 파생되는 민속은 생산활동의 매개로서뿐만 아니라 풍물조직 및 여타 민속놀이의 전승을 규명하는 관건이 된다. 간혹 두레 운영시의 경비 등을 기록한 자료들을 찾아볼 수 있다. 이자료를 통하여 당시의 농촌경제 및 농업생산력 정도를 파악할 수 있다. 현재 확인되는 자료로는 두레 조직원들의 신입례인 진세책(進貰册)이 있다. 이는 두레의 신입례로서 선배들에게 술과 음식 등을 대접한 소위 '진세턱'의 내역을 기록한 문서이다.

그리고 한편 18세기 후반~19세기 전반에는 공동체생활을 영위하는 과정에서 각종의 특수 목적을 가진 조직들도 생겨난다. 이러한 목적계류 조직들은 촌락 구성원 전체를 대상으로 하는 동계나 촌계와는 다르게 참여하는 구성원이 제한적이고, 구성원의 이해를 우선한다는 점에서 약간 성향을 달리한다. 마을의 생업조건이나 구성여건에 따라 계의 명칭과 종류가 다양하며 농계(農契), 농구계(農具契), 우마계(牛馬契), 동상계(東床契), 서당계(書堂契), 금송계(禁松契), 상여계(喪輿契), 위친계(爲親契) 등이 보인다.

마을은 하나의 경제생활 공동체였고, 이들 각종의 조직을 운영하는 과정에서 경제사적 기반의 마련이나, 식리와 수조 등 경제적 운영, 마을 공동재산의 마련 등 마을의 사회경제 관련 자료들이 부대되고, 때로는 부세 문제와 관련된 자료들도 발견된다.

이들 자료를 통하여 우리는 더 많은 마을변천의 실상을 복원할 수 있을 것이다. 대개 마을의 공동체 조직이나 경제기반이 만들어지는 데는 분명한 이유와 목적, 배경이 있게 마련이다. 즉 그 이면에는 몇 개 성씨집단들의 입촌 이후의 성장과정이나 상호관계, 인물의 배출과 활동상이 밀접하게 연관되기 마련이다.

3. 전통마을의 생활문화 조사

전통 생활문화 연구와 마을 조사

전통 생활문화는 수많은 연구와 자료정리 성과에도 불구하고 아직도 몇 가지 커다란 과제를 남겨 두고 있다. 우선 그 첫째는 지역적 특수성을 반영하는 다양한 전통 생활문화를 조사·정리하는 일, 둘째로는 이를 문화권역별로 구분·비교하여 보는 일, 셋째는 전통 생활문화의 변천과정을 체계적·역사적으로 정리하는 일이 그것이다. 그런 과정을 통해서 우리는 왜 그 지역에 그런 문화가, 그런 모습으로 남아 전해지게 되었는지를, 또 그 의미와 성격을 제대로 파악할 수 있을 것이기 때문이다.

모든 전통 생활문화는 오랜 기간 동안, 그리고 복잡한 자체 변용과정을 거쳐 오면서 온축된 결과로 잔존하여 온 것들이다. 그런데 이들 생활문화를 단순하게 나열식으로 소개·정리하거나, 선입관과 편향적 인식을 가미하여 의미를 부여함으로써 기형적인 모습으로 만들 수도 있다. 즉 생활문화들이 지니고 있는 형성 배경, 자체 변화상, 시대적 성격에 대한 이해가 부족한 상태에서는 그런 결과가 나타날 수 있다는 것이다. 그리고 그것은 자칫 민속연구의 수준을 저하시키는 요인이 될 수도 있다고 본다.

물론 각 조사자나 연구자들은 차별성을 계속 강조하고 있으나, 조사방식과 대상, 시기성, 결과물의 해석(시각, 문제의식)을 감안할 때 과연 그것이 몇 퍼센트짜리 경향이냐를 정확하게 체크하기 어렵다. 더욱이 이미 나타난 현상에 대한 해석에서도 과연 그것을 보편이라고 해야 할 것인지 특수라고 해야 할 것인지 혼동되는 경우가 많다.

현재의 민속학연구가 모두 그렇다고 할 수는 없지만, 아직도 현장조사에 주로 의존하는 민속학 연구방법이 원형의 복원이나 각개 기능과 그 의미들을 충실히 번안해 내는 데 치중하는 것 같다. 그러나 그것은 1차적인 민속문화 정리의 단계라고 할 수 있다. 그것은 마치 역사학에서 원사료를 번역해 나열한 단순 실증과 큰 차이가 없다. 역사학에서도 가장 초급적인 것이 바로 '번역 사학'인데, 이 단계를 넘어 '사료 비판'과 '재해석'이라는 단계로 나아가기를 기대한다. 기록자의 주관과 시대 상황을 점검하면서 기록을 재해석해야 하듯이 민속학에서도 이러한 과정이 반드시 있어야 한다고 생각한다.

따라서 앞으로의 민속연구는 그것이 궁극적으로 밝혀야 할 ① 같은 지역에서의 시기적인 변화과정과 함께, ② 같은 시기에 있어서 지역 간의 차별적 변화내용에 대한 비교 검토를 주요 과제로 하여야 할 필요가 있으며, 이러한 과제를 염두에 둘 때 가장 먼저, 그리고 중요한 것이 바로 마을문화의 조사, 정리문제이다.

사실 생활문화는 어떤 대상을 어떤 시각으로 보느냐에 따라 앞에 든 여러 문제들을 풀 실마리가 마련된다. 그리고 그 실증과 객관적 자료를 확보하는 과정에서 다양한 생활문화의 분야(分野)와 유형(類型), 주체(主體)에 따른 다양한 자료들이 새로 보이고, 다시 보기에 활용될 수 있다.

마을 조사의 기본자세와 사전 준비

지역조사와 마을문화 조사연구의 선구자였던 고 김택규 교수는 마을문화를 조사할 때 세 가지의 다른 입장을 가질 수 있다고 이야기한 바 있다. 그 첫째는 전문 연구자로서 마을 밖에서 마을을 관찰 조사하는 것이고, 둘째는 마을 안에서 마을을 조사하고 바라보는 자세이며, 마지막 셋째는 조사자가 아니라 마을민의 입장에서 자료를 조사하고 바라보는 것이라고 한다.

물론 세 가지 방법 중 어느 것이 가장 좋은 것인지는 좀 더 논란이 이루어질 수 있다. 그러나 전문연구에서는 첫째와 둘째 방법이 객관적이지만, 다종다양한 마을문화를 종합적이고 체계적으로 조사하여야 한다는 측면에서는 단연 셋째의 입장이 좋다고 생각된다. 마을민의 입장이 되어서 다양한 자료원을 찾고 그 배경과 변화를 추적하려고 할 때 자료의 수준과 양이 증가될 것이기 때문이다. 그리고 우리가 목적하는 마을민 주체적 시각, 마을 특수성의 발견 및 각기 돌출된 문화들의 상호 연결과 종합도 가능해질 수 있을 것으로 본다.

또한 마을 조사과정에서 항상 생각해야 할 것이 있다. 무엇보다도 마을문화 조사 자세나 준비는 철저하고, 최고의 수준이어야 하며, 또 완벽해야 한다. 어쩌면 우리의 조사 이후에 다시 조사를 하지 못할 수도 있다는 생각, 그리고 점점 더 빠른 속도로 마을의 전통 생활문화들이 훼손·산질될 수 있다는 문화단절의 절박함 등 때문이다.

준비된 자료를 먼저 검토하고 마을의 유적과 전승자료를 추가한 후 조사된 결과를 함께 정리 토론하는 모습.

마을 현장 조사는 생활문화 배움의 가장 큰 교육장이기도 하다. 조사자의 인식수준, 철저한 사전조사(자료의 성격과 주변사정), 적절한 제보자 섭외는 조사의 성패를 결정하고 조사의 양과도 비례한다. 다음에 몇 가지 사전조사의 유의 사항을 제시해 본다.

① 도상 실습: 우선 현장을 다녀오는 방법도 좋지만, 해당 마을의 입지 조건, 생업과 교통, 주민구성, 사회경제적 지위 등 외형적 특성을 미리 예감하여 기초자료를 준비하는 자세가 필요하다. 마을조사에 필요한 1:5,000 지도 및 1:25,000 지형도와 항공사진 등이 준비되면 좋을 것이고, 여기에 기 조사된 유적이나 유물산포지를 표시하거나, 제방, 저수지, 보, 다리 및 주요 마을 시설을 확인해 두면 좋다. 이때 주요 유적, 주요 지명, 취락입지, 주변 지리 등을 확인하고 이 과정에서 인접 마을과의 상대적인 위상, 연관성을 찾아 두는 요령이 필요하다.

② 기초자료 찾기: 앞의 사전 점검 과정에서 기존의 책자나 자료집에 수록된 마을 관련 자료를 모아야 한다. 전문 연구자의 논문이나 보고서에서 해당 마을의 자료가 언급된 경우는 그 자료를 숙독하여야 하고, 시군 및 문화원, 도서관에 보관된 해당 지역 향토지, 면지, 현황(통계)자료 등을 찾아 정리하여야 한다. 그리고 지리지, 인물지, 민속조사, 유적분포도, 고지도 자료 등이 있다면 더욱 좋을 것이다. 그리고 일제강점기나 최근까지의 마을 관련 신문기사 등과 같은 자료를 검색하고 참고문헌의 복사 및 출처를 확보하여야 한다.

③ 현지조사 준비: 사전 조사된 조사자료를 일괄하여 자료 파일로 정리하

고, 가능하다면 마을 조사 이전에 초고를 작성해 보는 것이 필요하다. 조사도 가기 전에 초고를 작성한다고 하면 모두들 말도 안 되는 소리 라고 한다. 그러나 나는 항상 그렇게 해 왔다. 그리고 그것이 나의 조 사를 남들보다 효율적이며, 내실 있게 한 근본 요인이라는 것을 꼭 강 조하고 싶다. 물론 조사 이전에 작성되는 원고는 자료가 부족하므로 원고의 완성도가 매우 낮을 수밖에 없다. 그러나 초고를 작성하는 과 정에서 질문지(설문서)가 마련되고 점검과 재해석할, 그리고 찾아야 할 관련자료의 성격을 파악할 수 있는 것이다. 또 동반 조사자들과 이런 초고와 질문사항을 가지고 토론을 한다면 조사 효율성은 더욱 높아질 것이다. 준비된 자료를 체계화하는 과정에서 마을의 특성 잡아내기, 현지조사에서 조사할 항목, 질문할 내용, 그리고 재확인·추가가 필요 한 부분이 점검될 수 있는 것이다.

④ 제보자 및 연구자 섭외: 다음으로 중요한 것이 현지 제보자와 연구자 의 섭외 문제이다. 현지조사의 제보자 선정은 어떤 분야의 제보자인 지, 그에게서 무엇을 조사할 것인지, 묻고 싶고 알고 싶은 것은 무엇인 지를 공유하는 준비가 필요하다. 조사자가 무엇 때문에, 왜 왔는지도 모르는 제보자와 밀고 당기는 신경전을 벌일 아무런 이유가 없다. 그 것은 무조건 조사자에게 불리한 것이다. 그래서 사전에 그것을 염두에 두고 제보자의 성향 파악, 조사 일정, 내용의 공지, 관련 자료의 요청 등이 사전에 철저하게 이루어져야 한다. 다음으로 관련 마을의 문화에 대한 선행 연구자, 조사가 있다면 사전에 자료를 정리함과 함께 찾아 가 과제점과 교시를 받아 두는 것이 필요하다. 의외의 과제와 조사대 상이 떠오를 수 있으며, 새로운 진전을 기대할 수 있기 때문이다.

[자료] 마을 생활문화 조사의 실제(조사 항목)

[1] 마을 생태와 입지환경
- 취락입지와 농지, 저수지
- 산, 하천, 도로, 기타
- 5일장, 교통로, 인접 마을 관계
- 주요 소득원, 특산물(변천)
- 마을 지명 유래
- 풍수설화와 지명

[2] 마을의 역사 변천 읽기
- 마을의 행정 연혁과 변화
- 마을의 역사적 사건과 인물
- 마을의 대표 성씨와 입촌 유래
- 주요 성씨, 인물 관련 유적, 전설
- 실제 겪었던 사건 전해 듣기
    전해 들은 역사적 큰 사건 정리
    제보를 입증할 수 있는 관련 기사나 사진, 이야기 확보

[3] 문화유적, 생활문화 현장
- 묘소, 재실 등 성씨 인물 유적
- 장승, 입석, 당산나무 등 민속 유적
- 고고 유적 및 유물 산포지
- 전설 및 지명과 관련 흔적

[4] 신앙의례, 세시풍속, 생활사
- 마을신앙, 의례, 세시풍속
- 개인, 가정신앙
- 특별한 놀이, 토속음식과 토속어
- 구비전승(지명, 설화, 민담 등)

농촌마을문화에서 농지의 위치와 분포는 가장 중요한 사회경제 배경이다. 경지의 확대과정, 관개시설의 마련, 마을의 성씨와 동족마을의 문화적 성장, 형성 과정 등이 모두 이와 관련되기 때문이다.

[5] 생활공동체 조직
- 마을 조직 문서와 치부책
- 혈연, 친족조직: 족계, 화수계, 문중계
- 생활공동체조직: 대동계, 촌계(당제, 동린, 농악, 기우제)
  상여계, 서당계, 송계, 두레, 초군(樵軍)

[6] 생활문화 공간, 생활권
- 통혼권, 시장권, 서당권, 상여권, 당골권
- 장승과 선돌, 당산나무, 산제단, 마을 숲, 상여집, 서낭당
- 모정, 정자, 서당
- 그네터, 빨래터, 물레방앗간, 골목길, 마을샘

[자료] 참고 마을조사 설문지 (예)

◆ 마을의 상대적 위치
· 면(읍)사무소와의 거리: 방향(도로번호) 거리, 교통편
· 주변 4방의 마을 관련 설명:
· 마을지도: 산·천·들 지명, 논, 밭, 도로, 주요지형지물, 지명, 유적
· 접근로(현재, 옛날):
· 초등학교 學群, 중등학교 學群: 건립시기 특징, 배출인물, 학교자랑, 통학권
· 5일장을 보던 곳:
· 최근의 생산과 주 소득원(변천된 것을 이전과 비교 필요):

◆ 마을 연혁
· 마을이름 한자: 순수 우리말:
· 지명유래:
· 마을의 별칭(과 유래):
· 행정연혁, 동명 변천:
· 마을의 지리적인 특징과 자랑(지리, 풍속, 인물 등):
· 마을의 오랜 역사를 상징하는 것이 있다면?:
· 자주 이야기되는 마을의 큰 사건과 사고(가뭄, 홍수, 화재, 3·1운동, 6·25 등등)
· 마을 저수지 축조, 제방 축조, 농로 개척, 연혁정리
· 과거 가장 번성했을 당시의 호수는? 그 시기는 언제?
· 해방 이후 주요 마을변천사(개발사): 도로, 저수지, 지붕개량, 수도, 전기 등
· 현재의 마을 현황:
· 주요 제보자(연세, 전화번호) 파악:

◆ 유적·유물 관련
· 구전이나 전설로 유적이 있었다는 이야기가 전하나?
· 골짜기에서 옹기조각이나 자기조각이 많은 곳이 있나?
· 과거에 동네 인근에서 골동품 같은 것을 발견하였던 일이 있나?
· 미륵바위나 칠성바위, 기자바위(아들 낳기 비는 바위), 기타 마을 사람들이 복을
  기원하거나 모시는 나무, 돌, 바위, 산, 당집 등이 있나?

전남 영암의 엄길리 고인돌. 이 고인돌은 금(金)바위, 혹은 금(禁)바위로 불렸다. 고인돌 밑에 많은 금이 묻혔다는 이야기와 비기(秘記)를 해석하지 못하고 금을 탐내면 벌을 받는다는 것이었다. 이 전설을 토대로 탐문하여 보물로 지정된 고려시대의 엄길리 매향비를 찾게 되었다.

· 바위 같은 데 글씨가 새겨진 곳이 있나?

· 재실(재각)

· 비석, 정려(효열비)

· 유명인물 묘비, 묘소

· 선산, 종가, 유물

· 마을에서 지어진 지 오래된 집, 옛 모습을 대체로 간직한 집(100년 이상):

· 지금은 없어졌지만, 마을 옛터나 옛 집터로 알려지는 곳(사연, 일화)은?

◆ 대표 성씨 관련 조사(제1, 제2, 제3 성씨를 대상으로)

· 성씨분포 ○○○씨호(종손) ○○○씨호(종손) ○○○씨호(종손)

· 처음 우리 마을에 들어온 분은?

· 언제 오셨다고 전해지나?

· 어디서, 무엇 때문에, 어떤 과정을 거쳐서 이 마을에 정착하셨나?

· 이 마을에 그 어른이 정착하신 까닭(입촌 유래)은 무엇이라 전해지나?

· 입촌조의 아버지와 형제들은 어디에 살았나?

· 입촌조의 주요 경력은?(*족보 해당 전후 부분 복사, 사진, 정리 필요)

· 입촌조가 이전의 선주 성씨와 유적, 그들과 입촌조와의 혼인관계는?

· 처음 터를 잡은 곳과 이사 혹은 분가한 곳, 인접 마을 관련 내용

· 묘소와 묘비

· 종계(족계, 화수계)

◆ 생활사 유적파악

· 특이한 민속, 놀이, 풍습, 과거모습

· 상여집의 위치는?

· 상여꾼(상두꾼)의 조직과 운영실태

· 연자방앗간, 물레방아 자리는?

· 도가집이 있었나?

· 공동우물의 위치는?

· 당집은 어디에 있었나?

· 당산나무나 입석(미륵할머니 등)은?

· 옛날 마을의 큰 사랑은 누구의 집이었나? 그곳에는 누가 모여 무슨 일을 했나?

· 기우제는 어디에 지냈고, 어떻게 지냈나?

· 서당의 훈장, 교과서, 교과목, 학생 수와 구성, 수업료, 특별행사와 기억담

· 서당이 없어진 시기는? 언제, 무엇 때문에 없어졌나?

· 옛날 주막집이 있었나? 그에 얽힌 재미난 일화는?

· 무당, 점쟁이는 어디에 있었나?

· 농악대(풍물) 구성과 활동

· 동제 후 이루어지는 대표적인 민속놀이

◆ 이야기 전설 일화 지명

· 명당, 지명유래, 특정 지형 이야기

· 효자나 열녀, 힘센 장사나 기인

· 노래나 이야기를 많이 알고 계신 어른(이름, 연락처)

· 옛날부터 부르던 동네, 골짜기, 개천, 산 바위 이름과 그에 얽힌 이야기

· 마을 조직, 저수지 도로개설

4. 전통마을 생활문화 복원의 시각

마을의 생활 환경과 상대성

전통마을들은 마을마다 특수한 입지환경을 지니게 마련이다. 마을은 각각의 특수한 지리적·사회경제적 배경을 기반으로 발전하여 왔고, 그에 따른 문화상들을 종합적 결과물로서 간직하고 있다. 산간마을과 평야지역 마을, 해안마을과 섬마을이 그것이고, 강이나 도로와 인접한 마을이냐 그렇지 않으냐에 따라서도 문화적 차이를 보여 준다. 생업의 문제와 관련하여서도 농업마을과 어업마을, 반농반어마을, 상업마을, 특수 수공업마을로 나눌 수 있다.

또 이 같은 외형적인 마을 특성과 동시에 마을의 상대적인 위상문제도 마을의 성격과 문화를 결정짓는 조건이 된다. 주민의 구성에 따라 동족마을과 집성마을로, 과거의 사회신분적 지위에 따라서는 반촌과 민촌, 또 역촌이나 점촌 등 특수한 신분집단의 마을도 있을 수 있다.

마을은 고정된 공간으로 지연적인 폐쇄성도 갖지만, 인접마을과의 부단한 접속과 문화교류 속에서 공존하여 온 집합체이다. 즉 전통적인 촌락의 기본구조는 〈자연=생산=체제=의식〉을 포괄하는 문화공동체로 보다 구체적으로 보면 촌락은

- 지리적 환경 및 경제적인 조건을 공유하는 지연체(地緣體)
- 생활문화 공간으로서의 동네
- 행정편제상의 이(里)·동(洞)·촌(村)의 중층구조
- 혈연과 신분적인 구성체

로서 다양한 성격들이 복잡하게 혼재된 곳이었다. 따라서 이 같은 폐쇄성과

조선후기의 고지도와 생활문화유적. 지리적 조건과 역사유적의 분포, 그리고 도로 등등 이들 지도 자료는 당시대 사람들의 지역문화 내용과 의식을 보여 준다.

교류관계를 동시에 파악하여야만 해당 마을의 상대적인 위상파악이 가능해진다.

예를 들면 단골(무당), 당제, 서당, 시장, 상여, 걸궂의 범위나 구분은 바로 문화권, 생활권, 주변지역과의 상호관계와 연계망, 친밀도를 보여 주는 자료들이다. 함께 상여를 멘다거나, 기우제를 같이 지내고 걸궂을 하는 마을들은 마치 형제 같은 친근감을 가지게 마련이다. 또한 같은 서당을 다니고 같은 무당에게 점을 치는 일도, 5일장을 같이 보는 것도 모두가 다 문화적 관계들이다.

이러한 모습은 마을에 남아 전하는 생활문화유적을 통해서도 밝힐 수가 있다. 유적들도 마치 양반가의 종가(고택)와 민가의 구조가 다르듯 상대적 개념과 위상이 구분된다. 예컨대 장승, 당산나무, 입석 같은 민중생활 관련유적은 사당, 사우, 정려 같은 마을 지배층의 성씨 유적과는 다르다. 또 농사꾼들이 모여 쉬고 담소하는 모정(농청), 도가는 사족들의 집회소인 정자·재실과는 그 성격이 아주 다르다. 여기에 더하여 문화유산으로 이름 붙이는 것이 이상하다고 생각할 사람도 있겠지만, 오히려 마을 전통·생활문화와 더 밀접했던 문화 세트장이었던, 예컨대 원두막이나 모정, 사랑방과 장승, 빨래터나 물레방앗간, 동구 밖의 장승과 선돌, 상여집과 방앗간, 당산나무와, 마을 숲, 골목길, 우물 등등은 전통촌락의 공동체시설로 마을의 속 깊은 사연들이 녹아 있는 공동체 생활모습을 보여 주는 유산들이다.

이 같은 마을 특성과 상대성의 예감은 조사의 효율과 능률을 제고시켜 줄 뿐만 아니라 조사의 내용과 질을 결정한다. 왜냐하면 조사자가 예감한 마을의 특성이 정확한 것이라면 이를 증빙할 각 분야별 문화요소들이 나타나야 할 것이고, 이 같은 마을의 특성에 따라 조사의 중점, 조사항목의 설정, 관련되는 자료의 사전점검이나, 현장에서 보인 문화적 성격들을 철저하게 이해하고 재해석할 수 있을 것이기 때문이다. 나아가서 이는 해당 마을문화의 상대적인 지위나 산업구조, 근대화 과정의 변화요인 색출, 대응방식의 파악에도 결정적인 단서를 제공할 것이다. 물론 지금은 자연마을 단위로 대부분 분화되어 있어 과거로 소급, 추적하는 것이 필요하지만, 바꾸어 생각해 보면 오히려 이를 통하여 우리는 마을 간의 상관관계나 선후 분화의 관계, 상대적 우열의 모습을 추적할 수 있다.

변천 유형(지역특성)의 구분

모든 생활문화는 원형이랄까 기본적인 외형적 틀을 갖추고 있고, 유사성을 보여 주는 것이 보통이다. 그러나 언제, 어디서나 똑같은 모습이라면 우리가 생활문화에 대하여 갖는 기본적인 애정은 반감될 것이다. 왜냐하면 각 지역의 문화는 기층민들의 이해와 의식을 반영하면서 구체화된 것으로 주목되어 왔기 때문이다. 즉, 기본유형의 변이된 형태가 바로 지역성이고, 그것이 문화적 특수성으로 설명되어질 때 우리가 목적하는 생활문화의 실체에 보다 가깝게 접근할 수 있는 것이다.

대체로 민속학은 역사학에 비하여 특정 지역, 집단을 범위로 하는 학문 성향이 강하다. 제한된 공간성을 중심으로 연구의 대상자료가 선정되기 때문이다. 그런데 특정 시대, 특정 지역의 문화는 모두가 각기 다른 내적 구조나 외적 조건과 상응하여 결과로서 형태를 남긴다. 예컨대 민속연구에서 진전된 단오, 시나위권 구분이나 설화의 분포, 장승의 지역적인 성격 등을 비교하는 연구, 언어 권역을 나누는 방언연구, 건축구조를 통하여 문화 권역을 구분해 보려는 민가 연구, 지리와 환경을 구분하여 특정지역의 문화성격을 차별화하려는 문화지리 연구, 역사 부면에서 지역적 특수배경에 초점을 두는 향촌사회사 연구 등이 그러한 연구경향들이다.

역사적 조건과 사회경제적 조건, 주민의 의식이 동시에 마련해 낸 지역성이나 다양성, 변화 모습을 통하여 우리는 생활문화사의 흐름, 나아가 민중생활문화를 보다 철저하게 이해할 수 있을 것이다.

앞에서도 강조한 것처럼 역사든 민속이든 특정지역의 자료를 대상으로 연구, 정리할 때 우리는 무엇보다 '그 시대에, 그 지역에서, 그들만이 만들어 낼 수 있었던 특수한 내용'이 과연 무엇이었느냐 하는 점에 주목하여야 한다. 다른 지역의 문화와 해당 지역의 문화가 다른 점은 과연 무엇이며 어떤 특성이 있는가? 또 왜 그런 특성이 생겨날 수 있었던가?를 역사적 시각으로 정리하려는 의식적인 노력이 전제되어야 한다.

그럴 때 지역별 차별성과 변화유형들이 생겨난 이유와 배경, 또 그러한 유형상의 유사성이나 동질성, 전파 범위 등이 가시권에 들어오게 된다. 물론 이러한 조사항목을 삽입하였다 하여 변화 유형이 온전하게 밝혀진다거나 변화과정이 명쾌하게 정리되기란 쉬운 일이 아니다. 그러나 설령 그에 대한 해답이나 추정치가 없다고 하더라도 이 같은 변화과정과 유형에 대한 점검을 거친 조사 정리와, 거치지 않은 것은 내용적으로 많은 차이가 있을 것이다.

변화인자의 적출

전통 생활문화를 구성하는 각개 요소들을 살펴보면 매우 이질적인 모습과 특이한 모습들이 함께 뒤섞여 있다. 즉 외형적 보편성과 함께 이질적 요소(인자)들이 복잡하게 뒤섞여 있는 경우가 대부분이다. 또한 이들 전통 생활문화는 구조상 인자형(因子形)과 표현형(表現形)을 지니고 있다고 한다. 인자형이 내적인 구조변화의 과정을 반영하는 요소라면, 표현형은 외적인 적응과 타협 과정의 결과일 가능성이 크다. 만약 이들 표현형과 인자형을 잘못 구분하여 인자형을 표현형으로 오해한다든지, 표현형을 인자형으로 본다면 조사된 민속자료의 성격은 실제와 매우 다른 모습으로 비치게 될 것이다. 그런가 하면 이러한 한계를 분명하게 구분 짓지 않은 상태에서 너무 외형적인 모습에만 치중한다거나, 역사적 성격을 확대·소급함으로써 비롯되는 오류들이 실제로 적지 않게 발견되기도 한다.

예컨대 당제의 외형이나 기본 형태는 대부분 보편적인 모습을 지닌다. 그러나 축문이라든가, 제관 및 제일의 선정, 제수와 진설방법, 제의의 연행순서, 연관된 금기나 민속 등에서는 매우 다양한 편차를 보여 준다. 물론 이러한 차이는 환경과 배경의 차이에서 비롯되는 것도 있지만, 그 차이 자체가 변화의 모습을 반영하는 경우도 많다. 당제의 축문도 대부분의 현재 축문은 유교식이지만, 그것이 유교식으로 바뀌기 전 단계의 변화 형태는 매우 다양할 수 있다. 예컨대 원래는 무속적인 것에서 변형된 것부터, 최초단계에서부터 선비들의 주도로 유교식 축문이 사용된 마을이 있을 수 있다는 말이다. 이는 마을의 생성 발전의 역사, 혹은 마을 구성원의 의식과 관련하여 나타날 수 있는 변화 형태이다.

다음으로는 원래 출발점에서부터 무속적인 것이었는지, 불교적이었는지의 차이도 분명 존재한다. 모든 마을이 무속적인 전통만으로 당제를 지냈던 것은 아니며, 위치와 주도집단의 성격에 따라 불교적일 수도 있는 것이다. 전남 장성 백양사의 국기제 같은 것이 민간화한다든가, 해남 송지의 미황사 앞마을 당제가 원래부터 사찰 주도로 승려들이 참여했던 것이었음은 그러한 변이형태와 인자가 형성되는 배경이었을 것이다. 결국 현존의 형태를 점검하면서, 단지 현재의 축문만을 가지고 유교식 축문, 불교식 축문, 아니면 무속적 축문으로 단순 구분할 성질의 것이 아닌 셈이다.

또 그 변화의 인자들이 변하는 과정도 단계별로 다를 수 있다. 이 변화의 배경과 시기가 연계되면 문제는 더욱 복잡해진다. 그리고 여기서 단순 구도로 이념적인 시대배경을 고려한 연구와, 지역적 분위기와 정서를 파악하면서 진행된 변화상의 검출은 큰 차이를 지닌다. 사실상 그 변화의 기저에는 무(巫)·불(佛), 유(儒)·불(佛), 무(巫)·유(儒)의 대립과 갈등 구조가 매우 다른 양상으로 포함되어 있을 가능성이 크고, 더욱이 시기적으로 보면 그 변화는 더욱 복잡할 수 있기 때문이다. 이 같은 문제는 단지 축문의 내용과 형태만으로 밝힐 해답이 아니고, 대립구조의 전설이나 구전, 역사적인 인물행적, 역사적 사실과 연계되면서 이해되어야 할 것이다.

결국 여기서 우리는 민속의 변화를 가늠할 수 있는 변화인자의 선정과 그것을 통한 변화모습의 추적을 필요로 하게 된다. 우리가 이러한 민속의 변화 과정을 올바르게 이해하기 위하여는 그 민속의 변화과정에 결정적으로 영향을 미쳤거나, 변화의 모습을 그대로 반영하게 되는 '변화인자'가 과연 무엇인지를 정확하게 지적할 수 있어야 한다. 예컨대 A라는 민속의 변화 과정과 성격을 제대로 이해하기 위해서는 a', a'', a'''라는 변화인자를 상정하고 조사과정에서 그에 대한 철저한 검색을 거쳐야 할 것이다. 만약 이러한 변화인자를 상정하지 않은 채 외형적이고 보편적인 사실을 기록화한다거나, 변화인자를 상정하였다고 하더라도 선정이 잘못되었다면 생활문화자료를 잘못 이해할 가능성이 크기 때문이다.

계층별 상대성의 종합이해

끝으로 전통생활문화는 상대적 계층성을 가지고 있다. 대체로 생활문화는 지배문화와 반대되는 개념으로 이해되고 인식되어 왔다. 물론 생활문화가 대개는 지배문화나 지배이념과는 분명 차이가 있으며, 특히 대립적 성격을 지닐 때가 많았다. 그것은 전통 생활문화의 주체가 기층민이고, 생산주체이며, 피지배층이었다는 점에서 분명 잘못된 이해는 아니다. 기층 민중들이 전근대 역사의 전개과정상에서 엄격한 신분적 제한과 경제적 지배의 대상이었던 탓으로 그들의 문화 저변에는 계급의식이나, 반체제적인 변혁의식이 분명 존재하였다. 그러나 그렇다고 피지배계층의 모든 문화, 전 시기의 문화 전체를 변혁운동과 직결하여 항상 하나의 모습으로 이해하는 것은 문제가 있다.

필자는 촌락의 조직에 관심을 두면서 이러한 계층적 상대성에 대하여 많은 생각을 하게 되었다. 때로는 억압당하기도 하고, 때로는 타협하기도 하며, 어떤 때는 연대하여 자기들의 요구를 관철하기도 하였다.

예컨대 피지배 농민들의 생활문화조직이었던 촌계류 촌락조직은 시기별로 성리학적 지배이념을 반영하는 '향약'의 하부구조로 편입을 강요당하기도 하고, 신분적으로 그들을 지배하고 있던 사족층의 '동계=동약' 조직과 때

둥근 맷방석과 맷돌, 그리고 여인 삼대.
만드는 음식이나 작업내용이 더 중요할 수도 있
으나, 서로를 바라보며 눈으로 나누는 이야기와
마음도 우리는 읽을 수 있어야 한다.

로는 마찰·상충하기도 하고, 견제
당하기도 하였고, 혹은 '상-하 합
계'의 형태로 타협과 역할분담을 하
기도 하였음을 확인할 수 있었다.
그리고 그 변화 과정의 막바지에서
는 상위 지배조직으로부터 일탈하
여 독자적인 의식과 조직력을 가진
'두레'와 같은 전형적인 민중조직을
태동시켰고, 변혁기에 직면하여서
는 그 전위집단으로 기능할 정도의
단계로까지 발전되었음을 확인할
수 있었다.

크게 보면 형태별 각 전통 생활
문화의 내용들도 이 같은 촌락조직
의 모습과 큰 차이 없는 상충과 변
화의 과정을 겪으면서 발전하였다고 생각된다. 그런데 여기서 이러한 상충
과 타협의 변화과정상에서 가장 중요한 변수가 과연 무엇이었느냐 하는 점
에 필자는 의문을 갖게 된다. 지배이념과 통제력의 공백과 변화에 따라 민
중의 문화가 성장한 것인지, 아니면 반대로 민중의 문화가 자체 성장하여
기득권을 가진 지배층이 어쩔 수 없이 타협하고 양보한 것이었는지가 바로
그것이다. 이에 대한 답은 아직 누구도 정확히 내릴 수가 없고, 또 구태여
선후의 문제라기보다는 그것이 동시에 일어났을 가능성도 충분하다고 생
각한다.

그래서 지배문화와 피지배문화는 결코 분리되어 이해될 수 없고, 상대적

관계 속에서 그 위상을 마련하게 된다는 점, 나아가 그 상대적 모습과 유기적 관계를 주목하지 못한다면 올바른 연구결과는 기대하기 어려울 듯싶다. 또 이러한 관심을 가질 때 지역적 특수성이나 차별성도 가시화될 수 있을 것이다.

또 하나 이 기회에 강조하고 싶은 것은 민속자료의 변화상을 점검하고, 분위기를 파악하거나 전체적인 이해를 위하여 역사적 지식이 보다 적극적으로 동원될 필요가 있다는 사실이다. 그것은 민속학에서 조사대상으로 하는 자료들의 잔존 시기는 대부분 근·현대시기이며, 그 시기가 역사적 전환기로 가치혼돈의 시대였다는 것을 주지할 필요가 있다고 본다. 그만큼 이 시기의 민속 유형들은 변형적일 수 있다는 점을 몰각해서는 안 되며, 이러한 변형에 대한 철저한 점검을 위해서도 우리는 민속의 역사성을 간과해서는 안 될 것이다.

제 5 장

—

지역문화와 '지역학', 그 가능성과 기대

—

지역문화자원은 '지역의 미래 경쟁력이자 자산'이며 지역민의 자부심, 지역의 브랜드, 이미지의 원천이다. 이러한 지역문화자원의 가치를 계승하고 효율적으로 활용하는 방법은 과연 무엇일까? 지역문화의 정체성과 특성을 제대로 알아야 한다고 강조하지만, 지역문화의 주인인 지역민들은 자신들의 문화에 대하여 과연 얼마나 알고, 느끼고, 자랑스러워 하고 있을까? 또 지역별로 지역문화자원 활용을 강조하지만, 과연 그 과정에서 문제는 없을까? 있다면 무엇이 문제이고, 또 어떻게 해야 올바른 방향을 찾아 기대되는 미래를 만들 수 있을까? 이러한 지역문화 활동을 종합하는 장치로서 '지역학'의 가능성과 기대치, 그리고 지역문화자원 활성화와 지역 발전을 견인하는 '바람직한 지역공동체 재복원'의 과제를 제시하여 보고자 한다.

1. 지역문화의 정체성

남겨진 문화, 전승되어 온 문화

문화는 인간이 환경과의 부단한 적응과 극복 과정에서 만들어 낸 결과물이다. 자연지리적 조건과 환경 속에서 문화주체인 인간들은 그에 적응하거나, 도전하거나, 극복하면서 자신들의 생존 방식을 선택하여 왔다. 문화는 바로 이렇게 인간들이 자연 또는 사회배경들과 부단히 접촉하면서 형성한 생활능력의 총체이며, 그에 따른 종합적 결과물이다. 마찬가지로 지역문화도 '그 시대에, 그 지역에서, 그들만이 만들어 낼 수 있었던 독특한 문화상'이라고 할 수 있다. 또한 이러한 지역문화의 전통들(문화적 동질성, 정체성, 특수성이라고 표현해도 좋다)은 지역민들이 주체가 되어 형성하였다는 점에서 그 확실한 '밑뿌리'이자, 온축된 가능성의 예시인 셈이다. 그런 점에서 과거의 역사 경험 속에서 충분히 실험되고 여과된 결과물이라고 보아야 한다. 따라서 지역문화는 지역민들이 자신들의 역사 진행과정에서 선택하여 자기화한 '가치관'인 동시에 '생명력'이라고도 할 수 있다.

남들은 모르는 우리들의 이야기

장맛만 보아도 그 집의 문화를 알 수 있다고 했듯이 사람마다, 집마다 각기 다른 특성과 내음이 있다. 재능도 각각이려니와, 스스로 강조하는 자신의 자랑거리도 모두 다르다. 더욱 신기한 것은 전혀 자랑거리가 아닌 것 같은데도, 고집스럽게 그것을 자랑하는 경우도 적지 않다는 사실이다. 남들이 모르는 자기만의 이야기가 있고, 의미가 있는 것이다. 제3자인 외지인이나 연구자가 보는 것과, 지역민들 스스로가 자랑스럽게 생각하는 것은 다를 수가 있다.

우리들이 '고향의 내음'을 말할 때, 대개는 어머니의 품과 같은 고향마을의 정취를 먼저 떠올린다. 굽어 도는 동구 밖 길에서 우리는 고향을 느끼며, 들녘과 골목길, 뒷동산에서 어린 시절을 연상한다. 그리고 한없이 인자했던 할머님의 주름진 얼굴과 항상 야단만 치시던 큰할아버지의 모습, 물레방앗간과 보리밭에서의 누나와 형들의 연애이야기, 들기보다는 어깨에 걸쳐 멨던 책 보따리, 동네 잔칫날 한판 어우러졌던 아저씨 아주머니들의 흥취 등 무언가 알 수 없는 감회가 일어나고 우리는 이를 잊지 못한다. 그것은 바로 우리의 고향에서만 배어날 수 있는 향수이기 때문이다. 설령 그것이 찢어지게 가난하던 기억이어도 좋고, 주먹 쥐는 한판 싸움의 기억이어도 마찬가지이다. 복잡하게 설명하면 여러 가지 용어나 서술이 필요하기도 하겠지만, 간단히 말한다면 이런 것이 바로 '문화'가 아닐까 생각해 본다.

효자마을에서는 효자가 대를 이어서 배출되기 마련이고, 고시마을에서 고시 합격생들이 많이 나온다는 것도 마찬가지의 경우이다. 그런가 하면 딸부자 집의 외동아들이 가진 성격은 보편적으로 어떠하리라고 예상이 된다. 그래서 아마 지레짐작을 하고 처녀들은 혼담이 들어올까 걱정할지도 모른다. 그러나 외동아들도 외동아들 나름이다. 전형적인 외동아들의 모습을 가진 사람도 있을 것이고, 오히려 그 나름대로 누이들과의 생존 경쟁 과정을 통해 특별한 남자의 매력을 지닌 외동의 스타일을 가질 수도 있다. 이처럼 환경과 경험을 통해서 인간은 자신만의 독특한 문화를 만든다. 때로 그것이 습관이라든가 버릇, 아니면 정서, 문화 등으로 용어만 다르게 표현될 뿐이다.

계승되고 활용되어야 할 미래자원

지역문화 자원은 어떻게 가치를 찾아 계승하고, 또 효율적으로 활용할까? 이에 대하여 지역문화 연구의 현장에서 느꼈던 경험들을 토대로 그 방안에 대해 정리해 보려고 한다.

지역문화자료는 가치를 올바르게 계승하는 것과 함께 결국 문화자원으로 '활용'되어야 한다. 지역문화연구는 단순히 학문분야별 전문연구로서만 종결되어서는 곤란하다. 어쩌면 연구보다도 더욱 중요한 일이 바로 우수하고 유의미한 자신들의 문화가 제 가치를 인정받고 전승되거나 현대문화 속에 살아 숨 쉬게 하는 것이다.

21세기는 '문화의 시대'로 전망되기도 하고, 이미 문화산업, 문화상품, 문화경쟁력, 문화전략 등의 용어가 점차 익숙하게 다가와 있다. 그만큼 문화자원에 대한 활용 요구도 증대되고 있으며, 이제는 지역의 문화 특성과 이미지가 상품이 되고 경쟁력이 되며, 미래자원이 되는 시대가 되었다.

지역의 문화자원을 효율적으로 활용하기 위해서는 그 문화유산의 '경쟁력'과 '차별성'을 보강하는 콘텐츠 개발에 투자가 필요하다. 콘텐츠 개발은 문화 알기, 느끼기, 생각하기, 선양하기, 체험하기의 방법을 개발하는 작업이며, 따라서 그 기반에는 풍부하고 다양하며 전문성이 있는 자료와 공급원으로서의 연구자가 있어야 한다. 즉 문화아이디어는 역사적 소재와 프로그램의 특성(경쟁력)과 함께, 그것을 이어받는 수요자의 수준과 기대치, 그리고 마지막으로는 다양하고 적절한 매체의 동원이 합쳐져 완성되는 것이다.

2. 지역문화자원의 가치계승과 활용

무엇보다 중요한 자료의 조사 정리

문화산업의 가치가 증대되면서 지역의 문화자원 활용은 경쟁적으로 다양하게 이루어지고 있다. 지역에서의 문화산업이나 자원 활용은 대개 문화관광자원화라는 분야에 집중되어 지역축제, 관광개발, 지역 문화상품개발 등으로 나타난다. 그런데 이들이 문화자원에 대한 이해, 문화전승과 올바른 활용 의지가 부족한 상태에서 경제적 논리와 개발 논리로 접근되기 때문에 대부분 하드웨어 중심의 보여 주기식 개발이 되며, 문화원형의 가치가 왜곡되거나 주객이 전도되는 사례도 많다.

각 지역 문화자원은 역사·지리·사회경제적 배경이 모두 다르다. 그리고 그것들이 문화로 남아 전해지는 것이다. 외형이 비슷하다고 해서 동일한 것이 결코 아니며 지역적 특성과 냄새가 각기 다르다. 과거에도 그랬고, 현재의 문화 환경도 지역마다 다르다. 지역축제의 경우 단골 논란거리로 등장하는 '지역정서가 담긴', '지역민 전체가 참여하는', '향토의 역사성 있는', '지역의 고유하고 독특한 문화행사 개발' 등의 슬로건들은 두말할 필요도 없이 그런 점에서 한계가 보인다는 말일 것이고, 그 필요를 인정한다는 표현일 것이다. 결국 지역문화의 특성과 경쟁력을 무시한 획일화 경향은 실패할 가능성이 크며, 결국에는 '해당 지역에서만 체험할 수 있고, 집중성이 있는' 콘텐츠로 특화되어야 할 것이다.

그런 점에서 지역문화 연구자는 보다 적극적인 자세로 자원 활용의 요구와 방향을 수용하고 견인해야 한다. 특히 인문학 연구자들의 경우 활용, 계승의지가 부족하거나 소극적 태도를 보이는 데 비하여, 자원활용의 마니아들은, 모두가 그렇지는 않지만, 적지 않게 지역문화 원형의 훼손과 본말 전도를 감행하고 있으며, 바로 지역민들이 그 피해를 보고 있다. 결국 전문 연구자들의 무관심과 회피는 ① 객관성을 잃은 문화 콘텐츠가 활용 마니아들에게 주어져 지역정체성을 왜곡·굴절하며, ② 그 피해가 고스란히 지역과 지역민에게로 되돌아오게 한다. 이러한 과정은 ③ 우수하고 가치 있는 문화들이 제 가치를 인정받지 못하고 현대문화 속에 살아 숨 쉴 기회를 잃게 된다는 사실, 그리고 더욱 중요한 것은 ④ 뒤를 이을 연구자도, 또 문화 수용층인 지역민들도 지역문화에서 멀어져 간다는 사실이다.

다시 한 번 강조하지만, 지역의 문화자원은 '지역의 미래 경쟁력이자 자산'이며, 지역민의 자부심, 브랜드, 이미지 메이킹의 기본 자원이라는 점에서 보다 포괄적이고 새로운 인식, 다양한 방식의 현실 접목과 계승노력이 매우 필요하다.

자원활용의 올바른 단계와 절차

문화자원을 효율적으로 활용하려면 우선 그 기초가 되는 원형콘텐츠들이 영역별로 철저하게 조사 정리되어야 한다. 그리고 그 바탕 위에서 문화 특성과 상징성(정체성)이 점검되고, 그 후에 경쟁력을 고려한 자원활용이 모색

향교에서 활발하게 이루어지는 어린이 체험교육. 문화 가치를 제대로 이해하고, 현대적으로 계승하는 노력들이 필요하다. 누구에게, 무엇을, 어떤 방식으로 전달할 것인가에 대한 아이디어가 필요하다.

지역문화축제에서 지역
의 역사문화특성과 정
체성은 생명이다. 현장
성과 지역만의 고유하
고 특별한 원형콘텐츠
의 발굴, 자원활용은 경
쟁력의 핵심이다.

되어야 한다. 그러나 아쉽게도 현재의 문화자원 활용을 살펴보면, 기초자원
(콘텐츠)의 정리수준에서 많은 문제점들이 지적된다. 그리고 이에 따라 지역
정체성이나 경쟁력을 고려하기보다는, 다른 지역의 성공사례를 복사하여
'보편론의 획일화' 내지는 획일적 모델의 '매판적 답습'도 적지 않게 이루어
지고 있다. 이처럼 절차와 단계를 거치지 않은 채 급조된다는 것이 문제점
이다. 따라서 우리는

- 지역 정체성과 경쟁력의 기준에서 철저히 검증되었나?
- 그리고 방향이 과연 효율적이고 미래지향적이었나?
- 나아가 지역민들의 요구와 인식을 토대로 한 것인가?

등의 질문을 항상 던지면서 적절한 대안을 준비, 보완해야 한다.
    정확한 원형콘텐츠의 정리가 이루어지지 못한 상태에서 이루어지는 보물
찾기식의 문화자원 활용이나 정책 개발은 사상누각이 되거나, 지역민의 호

응을 얻는 데 실패할 가능성이 크다. 즉 원형콘텐츠의 철저한 수집과 분석 과정에서 문화의 특수한 형성 조건과 배경, 차별성이 규명되고 설명될 수 있어야 그에 토대한 활용은 객관성과 경쟁력이 확보된다.

예컨대 지역의 문화원형 콘텐츠가 1,000개 정도 확보되었다고 가정해 보자. 이들 하나하나는 지역의 문화를 분야와 시기별로 보여 주는 기초자료들이지만, 이 중 400~500개 정도는 단편적이며, 개별 분산적으로 흩어져 있는 것처럼 보인다. 이 말은 반 정도의 자료들이 지역의 이미지를 상징하기에 부족한, 혹은 아직 지역 정체성으로 표집하기 어려운 자료라는 것이다.

이들을 제외한 나머지 500~600개 자료들은 몇 개로 포장이나 박스처리가 가능할 정도로 주제, 시기, 특징이 드러나 분류가 가능한 것들이다. 그리하여 50개 내지는 100개씩 5~10개 주제별로 지역특성과 관련된 이미지를 붙일 수가 있다. 사실 이들이 지역문화의 정체성을 표상하는 이미지이며, 그것이 기초가 되어 문화콘텐츠로 개발될 개연성이 크다. 즉 체계적으로 수집, 정리, 연구가 이루어진 뒤에 그중에서 5~10종의 소프트웨어로 개발된 특수한 문화소재들이 묶인다고 생각한다. 이들이 바로 차별성, 경쟁력 있는 지역문화콘텐츠가 되는 것이다. 그리고 활용의 폭을 더욱 높이기 위해 그중 1~2개에 집중투자를 하게 되고 이것이 새로운 마인드의 하드웨어 개발이 될 것이다.

특화된 콘텐츠 개발과 활용

한편 콘텐츠의 개발은 범위, 대상, 수요층의 수준과 요구를 고려하지 않으면 실패할 확률이 높다. 수요의 정확한 예측과, 그에 적합한 수준별·목적별 차별화가 가능하여야 한다. 불특정 다수에게 '억지로 먹인다'라거나 '알아서 먹게 한다'가 아니라 선택된 수요층의 기호와 흥미, 목적에 따라 '골라서 먹게 하는' 개발이 되어야 한다. 즉 같은 자원이라도 교육형, 관람형, 체험형, 레저형, 복합형 등 유형별로 개발되고, '해당 지역에서만 체험할 수 있고, 집중성이 있는' 차별적인 특화 프로그램 내용이 확보되어야 경쟁력이 생긴다.

특화가 가능한 자원들은 대개

① 지역의 역사성, 정체성을 보여 주는 원형자료
② 전승성, 지역성, 종합성에서 특화되어 차별, 경쟁력 있는 자료
③ 수요 대응에 경쟁력, 자생력이 있는 자료

들이 개발의 대상으로 선정되면 좋을 것이다. 그리고 문화자원들은 특성별, 내용별, 매체별, 수요층별로 다양한 프로그램을 개발하여야 경쟁력과 자생력을 지닐 수 있을 것이다. 이 경우 '해당 지역에서만 체험할 수 있고, 집중성이 있는 독특한 콘텐츠'이면 더욱 좋고, 축제·이벤트화, 관광·교육·창작예술, CT·IT, 문화상품 등 다양한 매체로 활용할 수 있어야 한다. 그래서 인접분야와의 정보와 인력, 아이디어를 공유하는 것이 필요하다고 하는 것이다.

지역민이 주인되는 자원활용

지역문화자원의 활용에서 가장 중요한 것은 역시 지역민이 주인이 되어야 한다는 것이다. 그리고 지역문화가 제값을 받고 자원으로 활용되기 위해서는 무엇보다도 문화의 주체인 지역민, 지역문화를 조사 정리한 문화원형 연구자, 그리고 이들을 활용하는 활용전문가가 같은 목적으로 합심하여야 한다.

지역문화 자원 활용은 ① 지역의 문화적 동질성·공동체적 연대의식(결속

부 문		개 발 방 향
문화예술		− 전문적인 문화기획가 양성 − 백제문화 관련 타 분야와의 상호교류 확대 − 백제문화예술 대본은행 설립과 지적재산권 보호 − 예술성과 실용성을 고려한 사전기획 기능 강화 − 홍보기능의 강화 − 종합백제문화관(가칭) 설립을 통한 종합화 추진
교육관광	교육	− 백제문화사 관련 책자 발간 − 사회교육기관에서의 백제문화강좌 개설 유도 − 초·중·고교 지역문화탐구학습 권장책 준비 − 백제문화 관련 교육보조자료 제작 및 활용
	관광	− 새로운 특별목적 관광 분야 발굴 − 수학여행프로그램의 적극적 개발 − 실버층 참여형 상품개발 − 동호인 모임을 위한 맞춤형 관광상품 개발 − 적시 적절한 관광정보서비스 제공
CT활용		− 시대의 흐름에 맞는 콘텐츠 개발 − 백제문화콘텐츠의 DB화, 산업적 활용 유도 − 백제문화자원의 다양한 정보화 체계 연계 − 기존 박물관을 대화형 운영시스템으로 전환
축제 및 이벤트		− 체험프로그램을 개발하여 동적인 측면 강화 − 체류형 관광을 위한 야간프로그램 개발 − 무형자원을 유형화하는 Visualizing 작업 − 백제문화관련 상품의 판촉형 이벤트 개발 − 교육, 흥미 유발하는 Story Making 이벤트 개발
브랜드 및 문화상품		− 백제의 잠재된 가치를 발견 − 백제이미지의 프로모션을 위한 창작화 − 백제문화상품 소재의 발굴 − 백제이미지를 활용한 문화상품 개발 − 백제문화상품의 성격을 활용한 단계적 개발

* 이해준 외, 「문화자원 활용을 위한 백제문화콘텐츠 확대방안」, 『백제문화』 33집, 공주대 백제문화연구소, 2004.

전통적인 마을 축제에는 반드시 뒷풀이 행사가 있어 모두가 하나로 어우러져 흥겨움을 함께하였다. 그것이 지역축제의 전통이고 핵심이다. 지역민이 빠진, 그리고 모두가 함께하지 못하는 축제는 진정한 축제가 아니라 할 것이다.

력) 강화의 기반, ② 지역문화 발전과 지역사회의 경쟁력 확보 수단, ③ 효과적인 지역문화 및 관광자원 홍보의 매체라는 다용도, 혹은 전략적 목적을 수반하면서 이루어지는 것이 보통이다. 그러나 이러한 활용과정에는 우선 고려해야 할 「선행조건」이 반드시 있다. 즉 그러한 현실적·정책적·경제적 요청이 아무리 강하다 하더라도, 그것은 당연히 '지역적인 공감대'와 '지역민의 동질성 확보'라는 대전제, 즉 지역문화의 올바른 이해와 재인식의 차원에서 이루어져야 한다는 사실이다. 그렇지 못하다면 그것은 사상누각과 같은 '일회적(一回的)인 재현(再現)'과, 전통의 내면적 계승이 아닌 '외형(外形)만의 재조(再造)'로 그칠 가능성이 많다.

　때로 문화자원 활용이 단순히 '돈벌이의 수단'이라거나 '외지인을 위한 투자', 특정의 일부 계층을 위한 것으로 오인되는 것은 바로 그러한 문제 때문이다. 문화자원 활용은 지역의 이미지 및 지역민의 자의식 고양과 직결되는 중차대한 사실이며, 지역민들로 하여금 자신의 문화에 대한 자부심과 긍지를 갖게 하는 계기이자, 스스로 삶의 수준을 높이는 것이어야 한다.

그런데 아쉽게도 문화의 주인이자 주체인 지역민들이 자신의 문화를 인정하지 않고 무시하는 경우를 적지 않게 볼 수가 있다. 예컨대 지역축제는 자기문화에 대한 자긍심과 이에 대한 공감대 확산의 과정이며, 전통과 현대문화를 연계할 수 있는 '교육의 장', '전통문화 향수의 장'이 될 수 있다. 그런데도 많은 사람들이 지역문화 축제에서 학생동원의 문제점을 지적한다. 학생들이나 학부모는 왜 축제에 동원되었다고 할까? 자신들의 자리에 자신들이 주인으로 참여하여야 함에도 이런 생각을 하는 것이 이상하다. 특히 축제 준비과정에서 느낄 지역전통의 자긍심보다 이 때문에 학교성적이 나빠질까를 염려하는 것을 본다.

지역축제는 다른 축제들과 달리 무엇보다 해당 지역 문화의 동질성과 특수성을 공감하고 재생하며, 교육하고, 계승하여 상징하는 중요한 장(場)이다. 주인된 지역민이라면 이 기회에 다른 지역과 경쟁할 문화자산을 발굴하고 이를 알리고 계승할 방법을 찾는 귀중한 시도이자, 씨앗을 심는 일이라고 생각한다. 수많은 아이디어의 경쟁과 성패의 경험들은 지역민들의 문화의식과 자긍심을 고양하는 유용한 공동체적 경험의 장이어야 하는 것이다.

3. 지역학의 가능성과 기대

무엇을 위한 '지역학'인가?

우리 교육현장의 복잡 미묘한 현실을 묘사하여 비평하는 말 중에 "19세기의 교실에서 20세기의 교사가 21세기의 학생을 교육한다"고 하는 말이 있다. 우리의 지역문화 현실도 그런 점에서는 결코 다르지 않다. 낙후된 연구

기반, 다양화하는 수요층의 기대에 부응하지 못하는 현실, 필요와 방향성은 공감하면서도 명확한 진로를 찾지 못하는 등 여러 가지 문제가 서로 뒤얽혀 있기 때문이다. 이러한 현실에서 문화 현장의 변화를 인식하거나 수용하지 못하면 낙오할 수밖에 없고, 미래에 대한 비전과 기대가 없다면 현재의 힘든 노력도 의미가 없을 수 있다.

지역문화연구는 자발적이고 희생적인 저인망식 시스템과 자기 성취욕을 바탕으로 성숙해 온 특이한 연구 분야이다. 그래서 지역별로 개별성, 고립성을 지니게 마련이고, 또 지역문화 연구층이나 관심이 미약한 곳에서는 경쟁력과 객관성도 약하여 주관적이라는 비판을 받기도 하였다. 그러나 이제는 경쟁력과 대응력의 확대를 위한 조직화가 필요한 시점에 이르렀고, 그것이 바로 '지역학'이라고 나는 생각한다.

지역학이란 대체로 역사문화적으로 동질성, 정체성을 지닌 특정지역을 대상으로 인문학, 사회과학, 자연과학 등 모든 연구를 통해 지역의 과거와 현재를 분석하며, 지역의 미래 방향을 제시해 주는 학문이라 정의된다. 그리고 좀 더 구체적으로 지역학의 속성을 정리한다면, 우선 첫째는 특정 지역이 연구대상이라는 점이고, 둘째는 오랜 역사, 문화적 전통에 토대한 지역 정체성을 인식, 강화 혹은 확대하는 데 기여하려는 노력, 셋째는 지역의 문화다양성을 통하여 지역민의 주체적 자기문화 인식과 자부심을 불러일으키고 나아가 지역의 현재와 미래 발전방향을 도출하는 것이라 할 수 있다.

'지역학'이라는 용어 자체가 익숙하지 못한 현실에서 지역학 연구의 필요성을 지적한다는 것은 어쩌면 조급한 것일 수도 있다. 또 필자가 말하는 지역학 연구는 어떤 의미에서는 '지역문화'를 조사·연구·활용하는 정도의 내용으로 다소 소박하고 애매한 측면도 있다. 일본의 가나자와 시가 시작한 지역학처럼 '개념 규정 없이', '가나자와의 모든 것을 대상'으로 하였다는 감

지역문화 자원을 활용하기 위해 다양한 연구자들의 접근모색이 이루어지고 있다.

성적 지역학이 우리에게도 필요하다.

물론 학문적으로 완성도 높은 지역학을 지향하여야 하겠지만, 우선은 주인도 없고 철학도 없이 분산·중복적으로 이루어지는 지역문화 활동을 종합하는 장치로서 지역학 연구와 자원 활용을 제안해 보는 것이다. 즉, 우리 지역문화의 현실에서 보면 무엇보다도 부족한 부분은

- 지역문화의 선도(先導) 기능을 담당할 주도집단의 형성
- 객관적 지역문화자료 최대 확보(자료 뱅크)
- 학제적 연구인력의 총합(싱크 탱크)

등으로 요약되는바, 바로 이를 보완할 대안 장치로 '지역학'이라는 학제적 연구와 조직을 상정해 볼 수 있다.

지역학 연구의 흐름

1990년대 후반 지방자치제도가 시행되면서 지역별로 자기 문화·역사의

특수성과 정체성에 대한 인식이 확산되었고, 지역 연구자들이 그토록 바라던 자료 발굴과 수집, 연구도 진전이 이루어졌다. 그리고 이에 더하여 문화관광이나 지역개발의 차원에서 문화자원을 브랜드화하여 활용하는 움직임들이 많아졌다.

이런 활동과 사업들이 축적되면서 '지역학'이라는 학문적 영역이 확산되었으며, 이제까지 민간이나 대학 내 연구소 안에 머물러 있던 지역학이 지자체의 공식적인 지역학 전문 기관으로 발전하고 있는 실정이다. 광역 지자체별로는 서울학을 필두로 인천학·부산학·경기학·영남학·호남학·충청학·강원학·제주학 등의 이름으로 지역학 전문연구 기구가 마련되어 있고, 기초자치단체에서도 안산학·전주학·안동학·천안학 등으로 기구가 점차 증가되고 있는 실정이다.

지역은 문화다양성의 보고이며, 지역문화는 한국문화 전반의 총체성을 구성하는 기본적인 요소이다. 이는 마치 한국학이라는 큰 꽃밭에 지역학이라는 서로 다른 색깔, 종류의 꽃들이 만개한 것과 같다. 각기 독특한 향기와 자태를 뽐내는 지역문화의 꽃들이 서로 조화와 균형을 이룰 때 한국학 꽃밭은 아름답고 조화로운 꽃밭으로 거듭나고 완성될 것이다.

또 지역학은 지역민으로 하여금, 지역민이 주체가 되어 자기 문화의 실체, 자기 문화의 특성과 성격을 느끼게 하는 것이다. 지역학이 지역과 지역주민의 정체성을 확립하는 것으로 그쳐서는 안 된다. 이들 지역의 고유하고 특화된 자원을 계승 활용하고 특화하여 발전 방향을 찾을 근거를 마련하여야 한다. 다양한 전공 연구자들의 융합적 연구에 의해 생산된 지역학 연구 결과물들은 지역에 대한 역사문화적 정보와 자료, 스토리를 제공하여야 하는 것이다. 그리하여 지역학 연구는

- 지역 문화정체성 밝히기(지역특성, 지역민 주체)
- 분야별 전문성 벽 허물기(현황과 과제, 통합적 사고)
- 정책 및 개발에 문화 반영하는 마인드(교육과 활용)

등으로 지역민들이 인식하고 계승하며 향유하게 하는 역할까지 완수해야 한다. 한편 최근 들어 지역연구가 두드러지게 활성화되는 현상은 국가가 지역사회의 모든 문제를 해결해 줄 것으로 믿었던 것과는 달리, 이제는 자신이 몸담고 있는 지역을 보다 정확히 알고 그것이 안고 있는 문제들을 자신들이 직접 풀어 나가는 것이 사회를 발전시켜 나가는 지름길이라는 것을 깨닫게 된 것과도 상관된다.

그리고 지역학 자료(원형콘텐츠)를 수집하는 분야별 연구자, 그리고 이를 교육하고 홍보하고 활용하는 전문가, 지역의 현재와 미래를 설계하고 방향을 정립하려는 개발 연구자들이 한자리에 모여 논의하는 구조가 절실하다. 그럴 때 지역문화자원의 활성화는 실효를 거둘 수 있고, 마침내는 지역문화 운동이 '바람직한 지역공동체 재복원의 시발점'이 될 수 있을 것이다. 그것이 바로 지역학 싱크 탱크(Think Tank)이고, 여러 전문 연구자 간의 연계를 통하여 지역의 상생적 발전도 모색이 가능할 것이기 때문이다.

예컨대 서울학연구소나 제주 탐라문화연구회나 목포대 도서문화연구소가 여러 학문분야 연구자들로 구성되어 연구를 진행하는 것이 사례가 되며, 목표나 내용상에는 편차가 없지 않으나 이런 단계에 이르러야 엄밀한 의미의 지역학 연구는 가능할 것으로 보인다.

지역학의 선도 사례들

지역학이 지역과 연계하고, 지역에 기여한 선도적 예로 다음의 사례를 주목할 수 있다. 이들을 유념하면 오늘날 우리들이 모색할 방향과 아이디어의 일부를 얻을 수 있다고 생각되어 이를 먼저 간략히 소개하고자 한다.

◆ **일본 가나자와의 가나자와학(金澤學)**

– 대학법인화와 지역개발 요구의 결합

– 지자체, 학계, 경제계, 언론, 교육, 시민단체(알고, 느끼고, 알리고) 협력

– 가나자와학 연구회 창설(1987~2003)

 · 162회 월례회의, 시민과 공동개최, 가나자와학 시리즈 10권 발간

 · 전통과 근대화, 도시문화, 도시색채, 민중문화, 비즈니스, 놀이 등

– 2002 가나자와대학(金澤大學)의 지역밀착형 특별지원 사업

 · 전통문화 개발, 문화만들기, 새로운 도시 창조

 · 가나자와(金澤)연구회의 학술 출판활동

 · 가나자와대(金澤大)의 가나자와학입문(金澤學入門) 강좌 개설, 문화체험 프로그램

 · 가나자와대(金澤大)와 호코쿠 신문사의 시민 네트워크

  [시민공개강좌, 가나자와(金澤) 마스터 선정, 시민연구조직 '가나자와명륜숙(金澤明倫塾)' 운영]

– 넘버원(No. 1)이 아닌 온리원(only one) ― 희소가치를 상품화

– 지역의 문화유산 집적→학습→인식→계승 발전의 모델

– 세계유산등록 추진, 가나자와(金澤)창조도시 회의 주최

◆ **이탈리아 볼로냐(Bologna)의 창조도시**

– 문화, 산업적으로 작고 경쟁력이 미약했던 볼로냐를 문화도시로 활성화

– 볼로냐 2000 창조공간 프로젝트는 도심의 오래된 빵공장, 담배공장, 도살

장, 창고 같은 공간을 미술관, 박물관, 도서관, 상영관, 공연장, 교육센터, 자료관 등으로 변용

– 사업 이후 관광객 증가, 실업률 지속 감소, 그리고 문화산업이 활성화되면서 관련 산업, 관광 제조업의 시너지효과 창출

– '첸트로 스토리코(Centro Storico)': 도시의 유적지구를 관광이나 문화보존 특수지구로 만들지 않고, 일상 도시생활의 중심으로 시민생활의 무대로서 살아남도록 계획

◆ 중국 안휘성 휘주대학(徽州大學)의 휘주학 코드

– 휘주문서의 발견(40여 만 건): 중국 역사문화의 5대 발견 중 하나

– 안휘대학에 휘주학연구센터 설립: 인문사회과학 중점연구기지

– 휘주문화 코드: 문화브랜드화

– 휘주(徽州) 건축, 휘주 원림(園林), 휘주 전각(篆刻), 휘주 판화(版畵), 휘주 칠기(漆器), 휘주 흡연(歙硯), 휘극(徽劇)

– 휘주 종족, 휘주 상인, 휘주 요리, 휘주 문서, 휘주 민속, 휘주 언어

– 신안이학(新安理學), 신안화파(新安畵派), 신안의학(新安醫學)

– 황산(黃山), 문화유적과 연계 관광자원화에 성공

◆ 한국의 안동(安東), 제주(濟州), 목포(木浦)

– 인문학(전통문화) 중심 전문연구로 시작 → 융합연구, 활용 분야로 확대

– 지역문화 특성에 기반한 대학특성화, 지역자원 활용과 연계

– 교육, 시민 참여와 조직화 진전

– 안동: 유교, 역사, 민속, 축제, 교육

– 제주: 역사, 민속, 생태, 관광

- 목포: 도서, 해양, 민속조사 연구와 문화콘텐츠 개발(문화산업)

  * 경기문화재단, 서울학연구소, 인천학연구소

선도적인 지역학의 선두주자, 유수한 모델들을 살펴보면, 해당 지역이 가진 '문화의 전통성과 지역성'을 정확하게 파악하고, 그것을 배경으로 지역민과 지역 연구자들이 힘을 합쳐 이루어냈다는 점을 알 수가 있다.

4. 지역학, 어떻게 할 것인가?─과제와 방향

지역학의 수준을 결정하는 지역자료의 양(量)과 질(質)

지역학이 지역의 발전과 관련하여 담당할 수 있는 1차적 역할은 지역의 특수한 성격(지역성)을 구분하고 설명해 내는 일이다. 지역적 특수성은 지역민들의 공감대(애향심)나 동질성 형성의 바탕이라는 측면에서 어떠한 현상적 지수보다도 그 몫이 크기 때문이다.

지역문화를 올바로 이해하고, 지역학을 제대로 연구하려면 무엇보다 자기 지역의 특성을 전해 주는 지역 자료들을 철저하게 정리·연구하는 작업이 필요하다. 한 지역의 현실과 특성을 규정할 만한 기초자료와 소재들이 과연 양적으로 얼마만큼 축적되어 있는지, 또 그것들이 얼마나 정확하고 완전하게 표집되었는가의 문제는 지역학 연구의 성패와 직결된다. 따라서 이러한 지역의 기초 데이터들을 마련하는 데 여러 학문 분야 종사자들이 합심하고, 인력과 예산·시간을 충분히 투자하여야 한다. 기초자료의 수집·정리·해석 없이, 선입관에 의거하여 몇몇 특수한 자료를 꿰어 맞추는 식의 성급한 연구들은 자칫 사상누각으로 끝날 위험성이 크다. 지역적 정서와 전통, 토양(특수성)을 몰각한 채, 전문성만 앞세워 행해지는 보편론의 강요, 현실감 부족한 이상론 제시 현상이 나타나게 되는 까닭은 지역의 실정을 확인할 기초자료가 불확실하고, 부정확하게 표집되어 있거나, 아예 그것이 이루어지지 않은 데 있다.

다음으로 자료의 범위와 대상도 이제는 과거와 같은 전통문화 중심의 역사나 문화유적, 민속에서 외연을 확대하여 자연, 지리, 사회, 예술, 의식 등에 이르는 지역민의 문화 전체를 체계적으로 분석해야 한다.

지역사와 지역문화는 상대적 계층성을 가진 문화 집단들이 상호 협조, 경쟁, 타협하면서 이루어 낸 지역공동체의 산물이다. 크게 보면 역사나 각 분야별 문화의 내용들은 이러한 각 계층과 집단들의 이해와 상충 변화의 과정을 겪으면서 변화 발전하였다고 생각되고, 결국 우리가 확인하는 모습으로 형상화되었다고 하겠다. 그런데 이러한 상충과 타협의 변화과정에서 가장 중요한 변수가 과연 무엇이었느냐? 하는 문제라든가, 지배와 피지배층의 문화가 어떠한 상관관계 속에서 그 위상을 마련하였나? 나아가 그 유기적인 관계가 무엇인가? 하는 문제 제기를 통하여 우리는 지역적 특수성·차별성을 구체화할 수 있을 것이다.

이렇게 종합적 의식과 자료정리를 토대로 지역특성이 모색된다면, 돌출되는 문화특성이 나타날 수 있었던 탄탄한 '기반'과, 울창한 나무가 있어서 '그늘'도 짙어졌음을 예견할 수 있을 것이라 생각된다. 그리고 이 같은 지역과 시기의 차이, 그리고 계급성과 상대성을 제대로 이해하였을 때, 자료의 해석상에서 자주 발견되는 '같은 자료'가 전혀 반대의 논리에 이용되는 실수는 결코 일어나지 않을 것이다.

문화자원 활용과 문화연구는 별개인 것처럼 생각할 수도 있다. 그러나 올바른 체계 속에서 바라보면 마치 그것은 선후의 문제요, 동전의 양면과도 같다. 이 작업이 소홀하면 지역문화의 특성, 경쟁력의 수준도 함께 저하되며, 문화자원과 활용에서 본질과 외형이 서로 상충·갈등하는 모습이나, 흔히 지적되는 본말의 전도나 원형 훼손이 일어나기도 한다.

결국 문화의 원형콘텐츠를 조사·정리하는 문제는 정체성 확보의 기초 작업으로 지역문화의 차별성, 경쟁성, 자원화 가능성을 결정하는 기본 요소이며, 후속되는 문화자원 활용의 방향 결정, 정책대안의 근거자료라 할 수 있다. 다시 강조하지만 지역문화 자료는 지역문화 정체성과 차별성, 경쟁성, 자원화 가능성을 결정하는 기본 요소이며, 다양한 기초자료(원형콘텐츠)가 철저하게 수집, 정리되지 못한 상태에서 보물찾기식의 문화소재 발굴이나, 정책 개발이 이루어지면 지역문화의 특성, 경쟁력의 수준도 함께 저하될 수 있다. 즉

① 문화 원형콘텐츠 발굴에 소홀
→ ② 지역문화 특성적출, 선정의 객관성 상실
→ ③ 자원화 가능한 콘텐츠 개발 부진과 무관심
→ ④ 자기 식의 문화자원 활용 방향 없이 결국 타 지역 모방
→ ⑤ 경쟁력 감소, 지역민의 자긍심 저하

로 이어져 결국 원형콘텐츠 발굴 소홀로 자신들의 문화정체성을 내세우기보다는 다른 지역의 성공사례나 외국의 사례를 엿보면서 포장하는 '아이템 선점 경쟁', '프로그램 베끼기', '지역특성 부재(不在), 전도(顚倒)된 컨셉' 등이 만연하게 되는 것이다.

콘텐츠의 특화와 차별화

미국의 미래학자 피터 드러커(Peter Druker, 1909~2005)가 "전통문화는 미래

문화유산이 단순한 과거의 잔존물이어서는 안 된다. 지역의 문화유산은 보존되는 것만으로는 의미가 반감된다. 현대적 가치로 재생되고 활용 계승될 때 의미와 가치가 있다.

산업의 승부처"라고 강조하였듯이 지역의 문화환경과 유산들은 마치 저작권, 지적 재산권과 같이 고유가치, 부가가치를 지닌 경쟁력이 있는 미래 자원이다. 문화자원의 가치를 바로 알고, 공감하며, 이를 최대한 활용하여 자원화하려는 마인드가 필요하다.

그런데 할리우드의 '스토리 대부'로 저명한 로버트 매키(Robert McKee, 1941~)가 "역사(문화)란 무궁무진한 스토리를 담고 있는 보물 상자다. 하지만 이 보물 상자를 열기 위해서는 현재성이라는 열쇠가 필요하다"라고 하였듯이 문화콘텐츠를 개발하는 과정에서 중요한 것은 현재의 우리가 전통문화 자원들 중에서 '무엇을?' '누구에게?' '어떻게?' 전달할 것인가를 정확하게 판단하고 선택하는 일이다.

콘텐츠 개발과 문화산업은 목말라 있던, 그리고 단기적 수요층을 유인하는 데는 성공할 수 있었지만, 앞으로는 보다 철저하게 지역민의 공감대와 자부심, 다양한 수요층의 확대 및 수요층의 성향을 고려한 원형콘텐츠의 선택

등에 유의하여야 한다. 문화 콘텐츠의 성패는 원형 콘텐츠의 '내용(內容)과 질(質), 가치(價値)'에 달려 있다. 즉 문화콘텐츠 개발은 '특이하고 경쟁력 있는 콘텐츠를 발굴'하여, '그 가치를 특화'하는 것인데, 전통문화자원의 콘텐츠 개발이 본래의 의미를 잃지 않고, 장기적·지속적으로 발전되기 위해서는 현재 투여되는 노력의 몇 배 이상의 투자가 더 필요하다.

문화 콘텐츠는 문화기술과 연계하여 수요자에게 제공되는 것으로 새로운 '기획, 기술력'으로 경쟁과 승부를 하여야 할 것이고, 특히 글로벌 경쟁력을 고려한다면 매우 미흡하고 불안정한 모습인 것이 현실이다. 나아가 문화기술자들의 전통문화 원형과 컨셉에 대한 이해 노력, 그리고 문화의 주체, 문화원형 연구자와 콘텐츠 개발자들의 교감 확대 등이 아직도 미흡한 우리들의 당면 과제라고 하겠다.

사실 연구자들은 '누구를 대상으로, 어떻게'라는 구체적 개발에 대한 배려가 부족하고, 콘텐츠 개발자(활용자)들은 '무엇'에 대한 인식이 철저하지 못하다. 선후(先後), 공생(共生), 상생(相生), 상보(相補)의 관계 의식이 부족하여 서로를 외면하는 경향도 보인다. 그런가 하면 원형 연구자들은 콘텐츠개발 방식에 기초적 지식이 부족하며 진정성을 고집하는 경향이 있다. 연구자와 개발자 간의 거리를 극복하고 재가공을 전제로 하는 콘텐츠의 특성과 수요층, 창의력 고려 부분을 보여 주면 좋을 것이다. 한 걸음씩 상호 접근하는 노력이 필요하고 아마도 그것이 진정한 경쟁력의 원천이 되어 줄 것이다.

지역민의 참여와 지속 발전

또 하나 지역학이 담당해야 할 중요한 몫이 바로 지역 문화자원의 가치와 의미를 지역민들이 올바르게 이해하고 계승하게 하는 노력이다. 필자는 이 부분에 관하여 지역의 문화유산 연구와 보존을 예시로 설명하고자 한다.

지금까지 역사문화자원은 주로 문화유산 중심으로 정리되고 홍보되어 왔다. 물론 문화유산은 지역의 진정성과 특수성을 보여 주는 기초 자원들로 당연히 최우선적으로 정리, 보존, 복원되어야 마땅하다. 그러나 이러한 기본적 전제에도 불구하고 다른 측면에서 보면 '개발과 보존', '과거와 현재', '연구자와 주민의 입장', '경제와 문화' 등등으로 혼돈과 갈등을 일으키는 소재가 바로 문화재이기도 하다. 문화재가 때로는 지역의 개발과 발전을 저해하고 있다고 생각하는 주민들도 적지 않다.

물론 최근의 문화유산정책은 과거와 달리 보존 위주의 관리정책에서 지속가능한 발전을 모색하고 있고, 관 주도에서 민간 주도 및 민·관·학 상호협력의 축으로 변화하고 있다. 그럼에도 아직 각 지역의 문화자원의 관리는 대부분이 보존과 전문연구에 집중된다. 가치와 의미를 가장 잘 알고 있는 사람, 그리고 이를 지키려고 애쓰는 사람 중심이다. 그것이 잘못되었다는 것이 아니라 대부분 이들 중심이며 지역민들은 방관하는 형태인 것이 문제이다.

즉 지역의 문화자원을 지역민들이 공유하거나, 활용하지 못하고, 계승 발전시킬 의지가 없다면 '지역의 문화유산' 가치와 의미는 감소될 수밖에 없다. 따라서 앞으로 ① 전문 연구자 중심에서 지역민과 함께 공유하는 구조로, ② 발굴과 연구에서 교육, 홍보, 계승, 활용 등으로 확대되어야 하고, ③ 관심과 보존대상도 유적 중심에서 문화경관이나 지리배경, 역사적 사실, 예술과 창작 등 역사문화 전반으로 확대되어야 한다. 그리고 ④ 보존과 복원 중심의 사업들도 수요층인 주민들에게는 너무 멀게만 느껴지기 때문에 자원의 활용을 통한 지속가능한 발전을 모색해야 한다.

이처럼 좀 더 적극적인 노력으로 지역주민들이 문화자원을 자신의 것으로 알고 챙기며, 가장 성실한 문화지킴이가 된다면 그들은 문화유산을 계승한 최대의 수혜자가 될 수 있다. 문화유산의 주인을 연구자가 아닌 '지역민'으로 규정하고 접근할 필요가 있는 것이다.

지역민과 함께하는 문화계승과 교육

지역문화 수요층의 기대 변화와 참여문화의 확산은 현대사회의 대세이다. 현대인들은 생활수준의 향상으로 물질적 욕구보다 지적·정신적인 분야에 대한 관심이 높고, 문화 향유계층도 폭이 매우 두터워져 과거와 같이 특수한 계층에 의해 문화가 독점되는 시대는 지나갔다. 과거와 다르게 수요층은 참여와 체험을 요구하고 있고, 문화적 수요도 보다 다양화·고급화하고, 그러한 경향은 점차 더 강해질 전망이다. 전통문화나 문화재 중심에서 이제는 점차 생활문화 전반으로, 교육과 관념보다 현재적 가치와 체험을 중시하는 방향으로 바뀌는 추세이고, 전통·과거보다는 현재·미래적 관점의 문화가치가 부각되고 있다.

그리하여 이제는 문화수요층인 지역민들이 원하고 요망하는 수요의 정확한 예측과, 그에 적합한 대책을 마련하는 데 주력해야 한다. 지역연구는 자료수집과 정리, 연구라는 기초적 임무와 동시에 홍보와 사회교육, 그리고 지역상징 및 문화경쟁의 선도자로서의 기능까지 담당해야 하는 무거운 짐을 지고 있는 것이다.

지역민 역시 층위와 성격이 다양하다. 따라서 대상을 계층별, 목적별, 주제별로 구분하여 차별화된 프로그램을 제공할 필요가 있다. 우리가 생각해 볼 대상은 ① 유초등생, ② 중고교생, ③ 일반시민, ④ 여성, ⑤ 교사, ⑥ 공무원, ⑦ 타 지역민 등으로 나눌 수 있을 것이다. 이와 더불어 지역문화를 교육하려면 무엇보다도 문화수요층을 정확하게 인식하고, 그들의 요구와 수준에 맞는 콘텐츠를 개발 공급하여야 성공할 수 있다. 예를 들면 초·중등학생의 교육적 필요라든가, 일반시민의 교양적 수준의 자료, 그런가 하면 체험이냐 이해냐의 문제 등으로 구체적 계층별 수요를 파악하고 이에 대한 대응책을 강구해야 한다는 것이다. 지역문화 콘텐츠는 문화 알기, 느끼기, 생각하기, 선양하기, 체험하기의 방법을 개발하는 작업이며, 따라서 그 기반에는 풍부하고 다양하며 전문성이 있는 자료와 공급원으로서의 연구자가 있어야 한다.

주민들이 주체가 되는 문화자원 관리의 실천적 모델은 ① 지역 문화유산에 대한 진정성과 역사성을 체계적으로 정리하는 일과 ② 지역민들이 이해와 가치를 전승하기 위한 교육프로그램을 개발하는 일이다. 교양강연, 정기적인 문화강좌, 교재 편찬, 전승문화재의 이해 모임, 역사유적의 탐방, 문화자료 조사방법론, 문화자원의 현대적 계승과 활용 등 문화 향유층을 유인하고 능동적으로 참여시키는 데 지역학 연구는 매우 적극적으로 기여하여야 한다.

다음으로 지역별로 지역민이 참여한 다양한 민간조직들과, 그들의 사업이 보다 자생력을 지닐 수 있도록 적극적인 지원이 필요하다. 그리고 이들이 조직화되어 유용한 방향으로 힘이 집약되어야 한다. 그러기 위해서 다양한 조직들 간의 역할 분담과 이를 총합하기 위한 민간기구(NGO)의 통합조직이 필요하다. 이를 통하여 민간조직들 간의 네트워크와 지속적인 활동을 위한 경쟁, 역할 분담이 자연스럽게 이루어질 것으로 기대된다. 이제 우선적으로 지역학 연구가 담당할 대표적인 몇 가지 과제와 방향들을 예시하여 보자.

① 지역학 교육: 광범위해지고 대중화한 지역문화의 향유층을 유인해 낼수 있는 대중적·교양적·교육적 프로그램이 필요하다. 그리고 이 과정에서 가장 우선 주목할 것, 고려할 모델이 바로 '시민문화대학' 운영이다. 이는 지

다양한 지역문화의 향유층을 유인해 낼 수 있는 교육 프로그램이 필요하다. 이를 통하여 지역문화 이해를 바탕으로 지역민들이 지역발전에 능동적으로 참여할 수 있도록 해야 한다.

역 이해를 바탕으로 정주의식을 가진 지역민이 지역발전에 능동적으로 참여할 수 있도록 하기 위해서는 필수적으로 운영하여야 할 프로그램이다.

인문교육과 지역성 강화 교육은 하나로 연결되었을 때 상생의 효과가 있을 뿐 아니라, 지역민들이 삶의 터전인 고향에 대한 지식과 정보를 통하여 공동체로서의 오랜 인연과 자긍심, 동질성을 피부로 체감하는 계기를 만들 것이다. 그리고 이는 급변하는 사회에 적응할 '지역적 긍지를 가진' 주체적 지역민으로 성장, 육성하는 바탕이 된다.

지역학 교육에는 지역별 특성을 철저하게 반영한 교육 프로그램 개발, 지역학 교재의 발간(계층별 교재), 지역학 강사의 확보, 창작예술 동아리, 지역문화 연구동아리의 양성 등이 수반되면 좋을 것이다. 이는 문화 연구자와 교육전문가, 지역사회 행정가 등 관련 주체들이 연합하여 추진함으로써 달성될 수 있다. 또 이를 추진하는 과정에서 반드시 고려되어야 할 것은 지역의 지리, 생태, 자원, 환경, 역사, 문화, 정치, 사회, 경제, 예술 등이 결코 분리됨 없이 지역문화라는 하나의 생명체로 결합되어 이해되어야 한다는 점이다.

그리하여 지역학 교육에서 지역을 소재로 ① 강과 산 그리고 바다, ② 사람들의 기질과 심성, ③ 문화유산, ④ 정신문화, ⑤ 민속문화, ⑥ 이야기와 노래로 본 지역문화, ⑦ 문화예술, ⑧ 지역개발, ⑨ 주민의식과 미래상 등으로 지역학, 지역문화와 정신사 등 지역별로 특화된 다양한 강좌를 개설하면 좋을 듯하다. 이를 지역문화 연구자와 인문학 연구자, 그리고 지역 내 교육현장 전문가와 지자체 담당자 등이 공동토의를 통해 개발한다면 더 좋을 것이다. 인문학 연구자는 관련 연구를, 교육 전문가는 연구결과를 반영시킬 강좌를, 예술가는 지역민의 창작과 문화향수를 연계 발전시켜 상호 시너지 효과를 낳을 수 있다면, 최상의 결과를 기대할 수 있을 것이다.

② 지역학 교양서 편찬: 지역학 교육과 관련하여 지역학 관련 대중교양서를 편간하는 것도 필요하다. 지역문화 「안내서」, 「교양서」들은 지역문화를 아끼고 보살필 다음 세대를 위한 것이며, 지역학 자료 정리 수준은 바로 그 지역의 문화이해와 인식 수준을 말해 주기도 한다. 꼭 역사나 문화연구물이 아니더라도 지역관련 사진자료나 시문 모음집, 사료 모음집, 문화유적집 등 매우 다양한 자료들이 정리되어도 좋을 듯하다.

일반시민, 학생, 타지인을 위한 지역 안내서로 대중화를 겨냥한 지역학 교양서라면, 원고의 내용은 고교 졸업생 정도가 이해할 수 있는 평이한 수준으로 하고, 전문적인 기술은 가능하면 줄여야 한다. 그리고 편찬체제에 있어서 백화점식 자료의 나열보다는 교양, 설명, 향토문화 특성 등에 한정하고, 원고는 70%, 사진, 삽도, 도표를 30% 정도로 하는 것이 좋을 것이다.

최근 들어서는 지역 대상 범위도 시군 단위에서 면이나 마을로 축소 집중되는 경향이고, 관심영역도 광의의 문화사, 생활사 개념으로 재편되고 있으며 내용도 지역특성을 감안한 특정 주제를 중심으로 지역성을 부각하는 경향이 많아지고 있다. 그런가 하면 자료집이나 지역자료의 나열에서 벗어나 지역사 교육의 교과서로 문화적 특성을 부각시킨 것들도 상당수 선을 보이고 있다.

다음으로 주목해야 할 대상이 바로 초등학교 지역교과서이다. 교육부가 주체가 되어 만든 초등학교 3~4학년용 「사회과 탐구」는 지역문화나 지역사, 지역학이 정착되지 못한 우리의 현실에서 향토의 지리, 사회경제, 역사, 민속 등 다방면의 자료를 엮은 초급단계의 매우 중요한 교과서이다. 그런데 지역별로 편차는 있겠지만, 대체로 이들 지역교과서가 구성 내용상 세분되기는 하였다. 그러나 지역 특수성이 부각되지 않거나, 종합적으로 해석하지 않은 채 자료를 나열, 소개하는 정도의 체제로 되어 있어 지역의 문화적 특성이 제대로 구현되지 못한 한계가 보인다. 이는 편찬위원회의 구성과 성격에 관련되는 것으로 다양한 전문분야 인력의 참여가 고려되어야 한다. 즉 지역적 정체성과 문화적 자부심을 가르칠 중요한 교과서가 내용의 충실도나 제 기능을 다하려면 자료수집가, 집필자가 모두 교사여야 한다는 생각을 좀 더 바꾸고, 필요하다면 지역의 공동문제로서 경험을 가진 지역 연구자들을 과감히 포함해야 할 것이다.

③ 창작예술과의 연계: 다음으로는 문화예술 창작과 지역문화를 연결한 계승활동이다. 현대문화는 점차 다양해지고 새로운 패러다임으로 '나다운 것, 나만의 것'을 추구하고 있다. 특히 지역문화와 예술에 있어서 그러한 창의적 생명력은 더욱 강하고 끈끈한 전통으로 포장되어 있어야만 한다. 어려워서 그렇지, 만약 이들 지역 문화예술의 전통을 올바르게 이해하고 계승하여 재창조·활용할 수만 있다면, 그 가치와 경쟁력은 여느 장르보다도 클 것이다.

무용으로 예를 들어 보자. 무용예술의 부면에서 우리가 생각해 볼 수 있

백제기악 미마지 공연. 1400년의 공주와 부여에서는 백제 전통기악무 미마지를 재현하려는 노력들
이 지역의 문화예술인들을 중심으로 활발하게 추진되고 있다.

는 지역문화자원 활용의 영역은

  (가) 지역문화 소재를 선택하여 예술로 창작하는 방안
  (나) 지역의 전통문화 중 무용적 요소를 찾아서 계승하는 방안

일 것이다. 즉 (가)의 경우는 문화 연구자들과 연계하면서 이루어질 것이고,
(나)의 경우는 무용예술가들이 스스로 찾아내야 하는 방안이다.

  그러나 현실적으로 보면 향토문화 연구자들은 무용 부면에서의 활용 여
지를 전혀 고려하지 못하고 있으며, 따라서 관련 콘텐츠 정리에서 무용의 측
면은 생략될 가능성이 크다. 한편 무용 연구가들도 무속이나 민속놀이에서
무용적 요소들을 표집하는 노력은 거의 전무하고, 있다고 해도 매우 피상적

일 경우가 많다. 이런 상태에서 우리가 주목하려는 전통문화의 '올바른 계승'은 이루어질 수 없으며, 아무리 예술적 기교가 배어 있다고 하더라도 무용가들이 콘텐츠 소화의 '어려운 과정'을 거치지 않으면 지역민들로부터 '정체성이 담긴' '자신들의' 예술로 인정받기 어려울 것이다.

따라서 무용에 있어서도 지역적 특성이 살아 있는 무용예술 소재나 콘텐츠들이 어디에, 어떤 형태로 남아 있는지에 대하여 철저히 조사·연구할 필요가 있다. 그리고 그것이 어떠한 역사와 문화 경험 속에서 그런 모습으로 남아 전해졌는지를 무용가의 입장에서 연구할 필요가 있다. 혹여 무용을 잘 모르는 사람이 "이것은 무용 분야의 전통적 자원이다"라고 어지럽게 말하게 해서도 안 되지만, 무용예술가들이 전통적·지역적 문화 기반을 도외시하면서 "왜 무용분야를 무시하고 외면할까?"라고 반문한다면 그것도 문제가 아닐 수 없다.

필자는 지역사와 지역문화를 연구하는 연구자이지만, 역사나 문화만이 우리의 관심영역이어서는 곤란하다는 주장을 해 온 입장이다. 연극과 미술, 사진과 문학, 음악도 지역문화를 소재로 한다면 같은 노력으로 얼마든지 더 큰 기대와 효과를 얻을 수 있다고 생각한다. 예컨대 「오페라 이순신」, 「한국의 고향 사진전」, 「백제사 연극」 등이 또 다른 매력으로 문화 내용과 예술성이라는 두 목표를 동시에 충족시킨 사례라는 점을 지적해 두고자 한다.

학제적 연구와 상생, 협력

다음은 학제적 연구를 통한 지역학의 완성에 관련된 것이다. 최근 지역연구가 두드러지게 활성화되는 현상은 여러 배경에서 이해할 수 있다. 앞에서도 강조하였듯이 지금까지 지역문화연구는 자발적이고 희생적인 연구자 개인의 의지, 그리고 저인망식 시스템으로 성숙해 온 특이한 연구 분야이다. 또 참여 연구자의 학문영역이나, 성향에 따라 많은 편차를 보인다. 그래서 지역별로 개별성, 고립성을 지니기 마련이고, 또 지역문화 연구층이나 관심이 미약한 곳에서는 경쟁력과 객관성도 약하여 주관적이라는 비판을 받기도 하였다. 한편 학제적이라고 표현하기는 좀 곤란하지만, 지역의 정체성을 다양한 분야의 자료를 활용하여 종합적으로 보는 향토사 연구자들이 애석하게 '연구자'로 인정받지 못하는 것도 엄연한 현실이다.

전문학계의 경우 각자의 전문영역에서 활동하는 것이 항상 우선이지 지역의 해당 분야 전문가로 불리는 것은 원하지 않는다. 학제적인 마인드로 지역학을 구상하는 올곧은 지역학 연구자는 전혀 없다고 보아도 좋다. 그러나 이제는 경쟁력과 대응력의 확대를 위한 조직화가 필요한 시점에 이르렀고, 바야흐로 지역문화연구는 학제적 연구와 융합이라는 형태를 갖추어야만 기대하는 높은 이상을 실현할 수 있을 것이다.

지역학의 1차적 연구과제는 역시 다양한 지역의 특수한 조건과 배경, 실정, 성격(지역성)을 구분하고 설명해 내는 일, 자원을 개발하고 활용하는 일일 것이다. 이처럼 지역학에 동참할 연구 영역은 매우 넓고 다양하다. 예를 들면 지리, 생태, 자원, 환경, 역사, 문화, 정치, 사회, 경제, 예술, 문화관광, 문화산업 등이 같은 연구목적으로 공동의 보조를 가질 수 있다. 탁상 이론뿐인 학제적 연구가 아니라, 실질적인 학제연구가 가능한 분야가 바로 지역학인 셈이다.

그러나 지금까지 지역학의 연구나 활동 경향을 보면 전문인력 사이에 연계 파트너십을 찾아보기란 쉽지 않다. 전문인력 사이에 인간적 교류가 없으며, 상대방의 전문성을 고려하거나, 상호 공생해야 한다는 생각이 없어 보인다. 그러나 지역학은 학제적 연구(學際的 研究, Interdisciplinarity)의 가능성을 실험하고 구현할 수 있는 장이라고 생각한다.

지역학의 기초자료 정리는 분과 학문별로 진행될 수 있다. 그러나 지역학에서는 이러한 분과 학문의 벽이 높으면 반드시 실패한다. 분과 학문의 경계를 넘어서 논의가 자유롭게 진전되기 위해서 제기된 대안이 바로 학제적 연구이다. 학제적 연구는 분과 학문의 정체성을 유지하면서 협력연구를 하는 것으로, 예컨대 제주 탐라문화연구회나 목포대 도서문화연구소가 여러 학문분야 연구자들로 구성되어 연구를 진행하는 것이 그러한 예가 된다. 이는 지역학 연구의 초기단계에서 흔히 활용할 수 있는 방법이다. 그런데 여기서 한 단계 더 진전한 연구방식이 바로 통합과학의 방식이다. 통합 학문은 개별 분과 학문의 경계를 무너뜨리고 새로운 방식으로 연구하는 것을 말한다. 아마도 이런 단계에 이르러야 엄밀한 의미의 지역학 연구가 이루어질 수 있을지 모른다.

　또, 문화자원의 가치계승과 활용 면에 있어서 전문 연구자들의 무관심과 방기는 문제이다. 전문 연구자들의 무관심과 회피로 인해 객관성을 잃은 문화 콘텐츠가 활용 마니아들에게 주어져 지역정체성을 왜곡·굴절하고, 그 피해가 고스란히 지역과 지역민에게 되돌아간다. 이 과정에서 결국 우수하고 가치 있는 문화들이 제 가치를 인정받지 못하고 현대문화 속에 살아 숨쉴 기회를 억제당하게 되어, 문화 수용층인 지역민들도 지역문화에서 멀어져 가는 것이다.

　특히 지역문화의 자료수집, 연구자와 활용자의 다양한 소통과 대화는 매우 절실하다. 지역문화 기초자료의 수집·정리자와 소프트웨어 개발자, 하드웨어 개발자, 프로그램 운영자들은 상호 연계, 혹은 서로의 기능과 역할을 인정하면서 공생해야 한다. 즉 무엇보다 이들 삼자는 결코 서로 별개가 아니며 하나의 유기적 결합체일 때 특성을 살릴 수 있고, 경쟁력을 갖게 된다. 이 과정에서 객관성이나, 상징성·정체성·경쟁성·투자효율성 등도 점검이

가능할 것이고, 여러 유형별, 그리고 수요층의 수준별·계층별, 나아가 활용 방향을 감안한 콘텐츠 발굴과 소프트웨어 개발이 준비될 수 있을 것이다. 그런데 이들 삼자 간의 관계는 오리무중으로, 마치 면벽수행이라도 하는 듯 남남인 것이 현실이다. 필자는 이를 '삼무(三無)'라고 표현해 보기도 하였는데, 삼자 간의 교류와 교감도 없고, 상보와 상생, 공생관계에 대한 기대도 없으며, 전문가로서 상대의 역할과 영역을 존중해 주지도 않는다.

콘텐츠 정리자는 소프트-하드웨어의 연계체계 속에서 활용의 방안을 고려하고 콘텐츠를 정리하여 주고, 이를 응용할 개발자들은 콘텐츠의 특성을 충분히 이해하여야 한다. 그것이 바로 지역학 싱크 탱크(Think Tank)이고, 그 같은 전문 연구자의 연계를 통하여 지역의 상생적 발전도 모색이 가능할 것이다. 그럴 때 지역문화자원의 활성화는 실효를 거둘 수 있고, 마침내 지역문화 운동이 "바람직한 지역공동체 재복원의 시발점"이 될 수도 있을 것이다.

21세기 한국의 지역학은 시대적 관심과 지대한 영향력에 비해 여러 가지 과제를 안고 있다. 즉, 본문에서도 지적했듯이

① 지역문화자원의 충실한 정리 및 그 범위의 확대
② 연구·보존에서 지속 발전과 계승·활용
③ 진화 기대되는 문화콘텐츠 개발
④ 교육·홍보와 주민의 참여
⑤ 학제적 연구와 협력

등이 지역학의 발전과 활성화의 선행조건이다. 그러나 지금까지 지역학은 이러한 선행조건들이 충분히 충족되지 않았다. 따라서 인프라 부족, 주인이

나 철학 없이 방황하는 지역문화, 분산·소모·중복적 문화 활동, 지역 간 불균형 같은 문제점을 노출했던 것이다.

이러한 문제점들을 극복하고, 본 글에서 제안한 지역학의 과제와 방향을 이끌어 지역학의 발전 내지는 활성화하기 위해서 필요한 것은 과연 무엇일까?

미래의 지역문화가 활성화되려면 무엇보다도 앞으로 ① 지역문화의 선도(先導) 기능을 담당할 주도집단이 형성될 것과, ② 그 방향을 확실하고 가능하게 할 자료 뱅크와 싱크 탱크 기능이 점검되어야 한다. 그리고 분산·소모·중복적 지역문화 활동을 총괄·조정·선도하는 협의기구가 분명 있어야 한다. 그리고 이러한 명분과 기능을 객관적으로 인정받기 위해서는 정선되고 객관적인 지역문화자료를 충실히 확보하고 있어야 하고(자료 뱅크), 문화의식을 선도하고 변화에 대응하려는 적극적 인식과 가용 인력을 갖추어야 한다(싱크 탱크). 지역학 선도(先導) 기능을 담당할 주도집단, 즉 싱크 탱크가 형성되고 이들이 지역의 문화의식을 선도하고, 변화에 대응하려는 적극적 인식을 가진 인력으로서 지역학 관련 정책제안과 역할을 담당하여야 할 것이다. 즉 이들이 현안과제, 중점과제, 대안과제를 나누어 지역문화에 대한 정책을 개발하고, 학술연구 및 교육·문화예술 공연 및 대외 홍보와 교류사업을 제안하고 담당한다면 지역학의 방향도 정립될 것이고, 지역문화 특성화는 구체화될 것이며, 지역의 경쟁력과 특성화도 이루어질 것이다.

그리하여 지역학이 지역문화 '알기(연구)와 알리기(교육), 챙기기(조사), 활용하기(활용), 상생, 소통하기(연계)'가 동시에 유기적으로 이루어질 수 있다면 소기의 목적은 달성하게 되는 것이다. 이렇게 될 때 지역학은 마니아층에서 지역민들로 그 수요 및 향유층도 확대될 수 있으며, 지역민의 적극적인 참여 속에서 '지역민의 문화적 자긍심 확보'라는 지역학의 대전제가 이루어질 수 있다.

그것이 바로 우리가 기대하는 지역학의 의식과 수준이며, 지역 정체성과 미래경쟁력을 바탕으로 지역학은 역사문화, 문화예술, 문화산업, 문화경제, 문화정치에 이르는 문화 전체로 그 외연이 확대되어, 상호작용할 수 있을 것이다.

_찾아보기